~~DES~~
ES
PE
RAR

DES~~ES~~PERAR

O GUIA PRÁTICO
PARA ESPERAR A
PESSOA CERTA
SEM DESESPERO

Thayse Portela

Vida

Editora Vida
Rua Conde de Sarzedas, 246 — Liberdade
CEP 01512-070 — São Paulo, SP
Tel.: 0 xx 11 2618 7000
atendimento@editoravida.com.br
www.editoravida.com.br
@editora_vida /editoravida

Editora-chefe: Sarah Lucchini
Editor responsável: Sarah Lucchini
Edição: Milena Moraes
Preparação: Sônia Lula e Eliane Viza
Revisão de provas: Eliane Viza,
Mara Eduarda V. Garro e Rosalice Gualberto
Projeto gráfico: Claudia Fatel Lino
Diagramação: Claudia Fatel Lino e Willians Rentz
Capa: Vinicius Lira

(DES)ESPERAR
© 2023, by Thayse Portela

Todos os direitos desta edição em língua
portuguesa reservados e protegidos por
Editora Vida pela Lei 9.610, de 19/02/1998.

É proibida a reprodução desta obra por quaisquer
meios (físicos, eletrônicos ou digitais), salvo em
breves citações, com indicação da fonte.

■

Exceto em caso de indicação contrária,
todas as citações bíblicas foram extraídas
da *Nova Versão Internacional* (NVI)
© 1993, 2000, 2011 by International Bible Society, edição
publicada por Editora Vida. Todos os direitos reservados.

Todas as citações bíblicas e de terceiros foram adaptadas
segundo o Acordo Ortográfico da Língua Portuguesa,
assinado em 1990, em vigor desde janeiro de 2009.

■

As opiniões expressas nesta obra refletem o ponto de vista
de seus autores e não são necessariamente equivalentes
às da Editora Vida ou de sua equipe editorial.

Os nomes das pessoas citadas na obra foram alterados nos
casos em que poderia surgir alguma situação embaraçosa.

1. edição: set. 2023

Dados Internacionais de Catalogação na Publicação (CIP)
(Câmara Brasileira do Livro, SP, Brasil)

Portela, Thayse
  (Des)esperar : o guia prático para esperar a pessoa certa sem
desespero / Thayse Portela. – 1. ed. – São Paulo: Editora Vida, 2023.

  ISBN 978-65-5584-439-9

  1. Esperança – Aspectos religiosos – Cristianismo 2. Fé (Cristianismo) 3. Relacionamentos 4. Relações afetivas I. Título.

23-167326   CDD-248.4

Índice para catálogo sistemático:

1. Relacionamentos : Vida cristã : Cristianismo   248.4
Aline Graziele Benitez – Bibliotecária – CRB-1/3129

DEDICO ESTE LIVRO A VOCÊ,
AMADA LEITORA.

CADA PÁGINA DELE FOI ESCRITA
COM MUITA VERDADE E AMOR,
ESPECIALMENTE PARA VOCÊ:

_____

Agradecimentos

Meu coração não está apenas cheio, está transbordando gratidão. Este livro não é simplesmente a realização de um sonho, mas o cumprimento de uma promessa.

Sou grata a Deus pelo privilégio de ser chamada sua filha. Entreguei meu coração em suas mãos quando era apenas uma criança, e essa foi a melhor decisão da minha vida. Muito embora eu sonhasse tanto em me casar, o foco da minha espera sempre foi o Senhor, e todas as minhas tentativas de colocá-lo acima dos meus sonhos foram satisfeitas e supridas. Nunca entrei em sua presença e saí de mãos vazias, até mesmo quando estava ali com a intenção apenas de adorá-lo ou agradecê-lo, e isso só me faz amá-lo cada dia mais, pois reconheço tanto minha pequenez quanto sua graça. Antes de escrever cada capítulo deste livro, eu pedi a sua bênção e a inspiração do Espírito Santo, e após ler todos os capítulos escritos, quero que acredite em mim quando digo que há trechos que não poderiam ter saído de mim mesma, mas do Alto. Ele me capacitou, por isso ao nome de Jesus devolvo toda honra e toda glória!

Agradeço ao meu marido, Samuel, a recompensa da minha espera, o amor da minha vida, meu pastor e meu sacerdote. A bênção de Deus sobre mim foi tão abundante ao me tornar sua mulher, que não se comparam aos desafios e os difíceis dias da minha espera. Quando digo que vale a pena esperar é por causa de Deus e por causa dele. Casei-me com o homem mais incrível que já conheci. Ele é o meu maior encorajador.

Sou grata à minha família. Minha base. Meu pai, Hélio, minha mãe, Ester, meu irmão, Ronney, minha cunhada,Thaynara, e minhas sobrinhas, Alice e Heloísa. Minha família não só acompanhou a minha espera, eles definitivamente a vivenciaram comigo. Ano após ano. Jamais fui pressionada ou julgada por eles. Ao contrário, e apesar das nossas imperfeições, fui muito abraçada, encorajada, acolhida, defendida e coberta de incansáveis orações e muito amor. Sou muito privilegiada e grata por isso.

Agradeço também a cada uma das minhas amigas que foram o abraço de Deus para mim nos meus longos anos de espera. Também às amigas e amigos que se engajaram comigo enquanto escrevia este livro me encorajando, celebrando e orando por mim. Amigos são a nossa riqueza!

Sou grata à Sarah Lucchini, que me acompanhou durante todo o processo de construção deste livro, desde o primeiro até o último momento. Sua participação nesta obra não foi só importante, foi essencial. Sarah foi um precioso presente de Deus para mim. Na pessoa dela, agradeço a toda a equipe da Editora Vida, que esteve envolvida com meu livro de forma tão competente. Vocês marcaram a minha vida.

Muito obrigada!

Saber esperar sem se desesperar é a forma correta para encontrar. Afinal, é assim que se tem clareza de você mesma, do processo e, é claro, do que esperar do outro. Muitos solteiros, infelizmente, idealizam uma pessoa, mas não sabem que, na verdade, ser primeiramente a pessoa ideal é o segredo para não errar, afinal, aprender como ser solteiro é, antes de tudo, o autocuidado que fará com que sejamos um bom par, ou melhor, bem-resolvidos nas áreas emocional, física e espiritual.

O sucesso do seu casamento dependerá, cinquenta por cento, do que você decide lapidar em você mesma desde agora – uma porcentagem bem alta, não é? E mais: ter a previsibilidade e a clareza do seu processo é o que a ajudará a não se desesperar nos dias de maior ansiedade e solidão.

Por essa razão é que um guia prático como este, sob a ótica de quem viveu um longo período de espera, é tão agregador. Super-recomendo, não apenas por conhecer a Thayse e sua história, mas pela forma como o conteúdo foi abordado aqui. Não leve mais ansiedades, inseguranças, sentimentos e atitudes que acabam atrasando ou comprometendo algo tão lindo como a vida amorosa! Seja uma futura esposa equilibrada e sábia desde já! Acredite, não só você vai se agradecer lá na frente, como seu cônjuge e filhos também.

MARCELA TAIS

Cantora e compositora de músicas cristãs, autora da famosa canção *Escolhi te esperar*, casada com Samuel Antunes

A diferença entre esperar e DESesperar vai além de três simples letras. Esperar diz respeito a toda uma vida de confiança e entrega dos caminhos àquele que é a própria Esperança, Jesus Cristo. Como amiga e responsável por apresentar Thayse ao seu esposo, Samuel Vagner, posso atestar que ela possui plena autoridade no assunto. Sua amizade e testemunho são presentes de Deus para mim e minha geração.

REBECA CARVALHO
Cantora, compositora, empresária e missionária pela
Convenção Nacional Madureira (Conamad) – Assembleia de Deus

Em um tempo imediatista como o nosso, ainda existem aqueles que, de forma consistente e sábia, compreendem o valor da espera. Não em letargia ou desesperança, mas em ativa confiança em Deus. Thayse Portela conhece bem os desafios, dificuldades e tesouros encontrados nessa jornada de espera em Deus. Este livro nasce da autoridade de quem se deixou moldar nas mãos daquele que sempre tem o melhor para cada um de seus filhos e filhas. Desfrute a leitura!

HELENA TANNURE
Pastora, conferencista, escritora e apresentadora de TV. Casada com João
Lúcio Tannure, com quem tem quatro filhos

Sumário

Prefácio — SAMUEL VAGNER 13

Introdução 17

1. Vale a pena esperar pelo que vale a pena ter 23

2. Carência 41

3. Pressão 57

4. Ansiedade 77

5. Tempo 97

6. Incredulidade 115

7. Medo 131

8. Pureza sexual 147

9. O que fazer enquanto espero? 165

10. E se não chegar a minha vez? 181

Respondendo a algumas perguntas 195

Prefácio

"É JUSTO QUE MUITO CUSTE
AQUILO QUE MUITO VALE."[1]

A Thayse sem dúvida alguma foi o maior presente que Deus me deu depois de Jesus e da minha salvação. Ela é fruto de uma longa espera, recompensa de inúmeras renúncias e resposta a incontáveis orações que eu fiz a Deus enquanto a aguardava.

Do mesmo modo, a quilômetros de distância, ela também me aguardava e enfrentava, como mulher, os dolorosos e constantes desafios da espera.

Este livro que está em suas mãos não é um manual técnico de princípios, mas é um guia prático profundo de tudo o que a Thayse não apenas viveu, mas adquiriu de bagagem enquanto esperava em Deus pelo seu casamento.

Tudo o que você lerá está de acordo com o que a Palavra de Deus, nosso manual de vida, ensina a cada um de nós. E, com os testemunhos e aprendizados dos desafios que ela enfrentou enquanto esperava, a Palavra ganha vida por meio de cada uma de suas experiências.

---

[1] Autor desconhecido

Prepare-se para rir e chorar, também para crer e se desafiar a cada página, pois certamente você se identificará com várias situações semelhantes às que está enfrentando hoje, e, por isso, terá as respostas que, por muitas noites, tenha buscado de Deus:

- E se não chegar a minha vez?
- Como driblar a carência?
- Como suportar a pressão da sociedade?
- Como lidar com a ansiedade, o tempo, a incredulidade e o medo que às vezes bate à porta do meu coração?
- Como me manter pura sexualmente no corpo e na mente enquanto solteira?
- E o que fazer enquanto eu espero?

Essas são perguntas que serão respondidas a cada capítulo deste livro, que certamente não chegou em suas mãos por acidente. Deus a vê e a ama muito, também deseja mais a sua felicidade e plenitude do que você mesma. Ele ainda a fará muito feliz em sua vida sentimental, para isso deseja torná-la plena, forte e satisfeita nele. Portanto, abra seu coração e deixe o Espírito Santo falar com você, tratar o seu coração e acalmar a sua alma com esta leitura.

A mulher de Deus, casada e realizada que escreve estas páginas é alguém que já esteve exatamente no lugar onde você está hoje: o lugar da espera, e vivenciou anos de experiências com Deus, que agora serão reveladas neste livro.

O Deus que fez na vida dela é o mesmo que fará na sua, ajudando-a a vencer e a aprender com cada um desses desafios que você tem enfrentado. No entanto, o Senhor não se repete, para cada pessoa ele tem uma história única e um testemunho poderoso, pois deseja que seu nome seja glorificado.

Ele tem um plano perfeito e um lindo futuro para você, e este livro será como uma estrada que está sendo pavimentada, abrindo um caminho do coração dele ao seu coração, a fim de ajudá-la a chegar ao centro de seus propósitos. Mas você não pode se esquecer de que o tempo de Deus nem sempre é o seu, assim como a forma de ele conduzir sua vida pode ser diferente daquela que você espera. Portanto, permita que ele, em sua sabedoria, forje o seu coração para receber o que está reservado para você.

Baixe a guarda, renuncie o orgulho, abra bem o seu coração e leia atentamente cada frase escrita nas próximas páginas, pois elas serão resposta, cura, restauração, encorajamento e ânimo para a sua alma. Porque como diz a Palavra de Deus: "A esperança demorada enfraquece o coração, mas o desejo chegado é como árvore de vida" (Provérbios 13.12).

Eu, como esposo da Thayse, estou muito, muito orgulhoso dela, pela dedicação intensa durante as madrugadas em que ficou acordada e o coração inteiro investido nesta obra. E como homem de Deus, eu estou muito animado por você também, porque, se este livro chegou às suas mãos, é porque o Senhor se importa com você e deseja que sua vida seja cheia da plenitude e intensidade da sua doce presença envolvendo todo o seu ser.

Que Deus a abençoe, e que todo desespero seja trocado pela paz inabalável que passará a reinar no coração daquela que sabe em quem espera.

Boa leitura,

SAMUEL VAGNER

Pastor, autor do livro
Nos Avessos do meu Eu Encontro Deus
e esposo da Thayse Portela

Acesse o QR Code e assista à declaração do Samuel à Thayse no momento em que a pediu em casamento.

Introdução

Dia 23 de novembro de 2021 foi uma das datas mais importantes da minha vida. Após dezessete anos de espera, finalmente havia chegado o dia do meu casamento! Eu morava em Brasília na época, mas a cerimônia aconteceu em Fortaleza, onde eu e meu noivo residiríamos depois de casados. Na véspera, toda a minha família e amigos já tinham chegado e o clima estava tomado por aquela agitação maravilhosa, de muita euforia e malas arrumadas para a lua de mel. Tudo estava pronto e exatamente como eu havia sonhado.

Assim que terminou o último ensaio do cortejo, à noite, despedi-me de todos e pedi ao meu noivo que me levasse ao hotel, onde eu passaria o dia da noiva. Aquela seria a minha última madrugada solteira e eu sabia muito bem como gostaria de passá-la — da mesma forma como tinha vivido todas elas até ali: só eu e Deus. Na verdade, eu estava ansiosa para ficar a sós com ele. Lembro-me de me despedir do meu noivo, entrar no quarto e fechar a porta.

Depois de tomar um banho bem demorado e colocar uma roupa para dormir, sentei-me na cama e convidei o Senhor para se sentar comigo. Eu tinha tanto para dizer e agradecer. Quantas tinham sido as orações ao longo daqueles dezessete anos! Naquele instante, porém, só fui capaz de louvá-lo por ele conhecer tão bem o meu coração. A verdade é que palavras não conseguiriam expressar com exatidão o que eu estava sentindo naquela hora.

Eu adormeci da mesma maneira que uma criança quando está no colo do seu pai: um sono profundo, num colo confortável e seguro. Os raios de Sol da manhã me acordaram no dia seguinte. Levantei-me, abri as cortinas e contemplei a imensidão do mar diante de mim. Foi quando meu coração transbordou, mas, novamente, não por meio das palavras, e sim de lágrimas. Chorei copiosamente. O instante com o qual havia sonhado tantas vezes, dormindo e acordada, havia mesmo chegado. Eu me recordava bem do dia em que começara a esperar, e aquele era, definitivamente, o último da minha espera. Só conseguia pensar na fidelidade de Deus. No celular, coloquei uma canção que expressava o que havia em meu coração. Ela dizia:

> Grande é a tua fidelidade para comigo
> Grande é a tua fidelidade para comigo
> Do nascer do Sol ao pôr do Sol
> Louvarei o teu nome
> Grande é a tua fidelidade para comigo
>
> Quando as temporadas mudam
> Você continua o mesmo
> Deus de eternidade a eternidade
> Ainda que a Terra possa passar
> Sua palavra permanece a mesma
> Seu histórico pode provar
> Não há nada que Você não possa fazer
> Você é fiel e verdadeiro[1] (tradução livre)

---

[1] MOSES, Aaron; GAINES, Carrington; et al. Maverick City Vol. 3 Part 1. In: Joe L. Barnes, Maverick City Music, Naomi Raine. Promises. Atlanta: Tribl Records; Nashville: Bethel Music Publishing, 2020. CD. Faixa 5.

Eu tinha plena consciência de que tudo aquilo não estava acontecendo pela força do meu braço, mas era resultado da fidelidade, amor, graça, bondade e misericórdia do Senhor. Ali, em pé, diante da janela virada para o mar, eu relembrava de cada ano de espera, cada desafio, lágrima e renúncia, e ainda assim era capaz de reconhecer a sua presença em todas as temporadas, ensinando-me, forjando, guardando e me guiando.

A única explicação para eu ter conseguido chegar até ali, do modo como cheguei, foi por meio do sustento, auxílio e direção de Deus. E com minha boca eu dizia que tudo naquele dia era para a honra e glória do seu nome. Meu maior desejo era que todos realmente vissem a grandeza de Deus e o que só ele pode fazer a um coração que se dispõe a obedecer-lhe.

Algum tempo depois, minha mãe chegou ao quarto e me abraçou apertado, como uma testemunha fiel e uma intercessora incansável. Ela parecia estar sonhando comigo. Logo em seguida, os profissionais foram chegando a fim de me preparar para o momento do encontro com meu noivo no altar. O vestido de noiva, pendurado no cabide, além de um sonho, representava muito para mim. Tenho certeza de que fui uma das noivas mais felizes e realizadas que já se casaram até hoje. Eu tinha claro em minha memória tudo o que havia enfrentado para chegar até ali; e mesmo assim, o Senhor fez muito, muito além do que, um dia, eu poderia ter imaginado.

Querida leitora, estou tão alegre por este livro ter chegado às suas mãos. Orei para que isso acontecesse. Aqui, compartilharei com você tudo o que ocorreu nesses dezessete anos de espera e como atravessei cada um dos grandes desafios dessa fase. Posso lhe garantir que, ao finalizar esta leitura, a sua espera não será mais a mesma. Talvez você também não seja mais a mesma. Meu desejo e oração é que você seja acolhida, curada e consiga enxergar alguns pontos cegos, também mais preparada para viver os propósitos de Deus para a sua vida sentimental.

Nestas páginas, você encontrará meu coração aberto de forma honesta e vulnerável. Dividirei sentimentos profundos e ensinamentos práticos que a ajudarão nos dias em que não souber o que fazer ou estiver pensando em desistir. Para isso, peço, humildemente, que você também abra seu coração para receber o que Deus lhe revelará no decorrer desta leitura. Tenho convicção de que você encontrará respostas para algumas das perguntas que já se fez.

Creio que um dos propósitos de eu ter passado por tantos desafios enquanto esperei no Senhor foi para que outros também fossem abençoados, e é por isso que este livro chegou até você.

Não se esqueça, haja o que houver: vale a pena esperar em Deus!

Receba meu abraço carinhoso e aproveite a leitura.

Com amor,

THAYSE PORTELA

Confira, através do QR Code, o tão sonhado e esperado casamento da Thayse e do Samuel.

CAPÍTULO

Vale a pena esperar pelo que vale a pena ter

"ESPERE NO SENHOR.
SEJA FORTE! CORAGEM!
ESPERE NO SENHOR."
— SALMOS 27.14

Esperar, esperar, esperar... Desde criança, esperar sempre foi um desafio para cada um de nós. Esperar a comida ficar pronta, o ônibus chegar, uma amiga atrasada para um compromisso; esperar sua vez na fila do supermercado ou em um consultório médico, o semáforo de trânsito ficar verde, os "eternos" segundos do micro-ondas sem interromper o processo, o atendente de *telemarketing* retornar enquanto ouvimos a musiquinha ao telefone; esperar uma compra feita na *internet* chegar em nossa casa, esperar aparecer a pessoa certa com quem se relacionar, esperar a promessa de Deus se cumprir... Não é fácil!

Essas situações se tornam ainda mais desafiadoras quando percebemos que vivemos num tempo em que a tecnologia avança de tal forma a nos deixar cada vez menos pacientes. Não é raro nos dias de hoje vermos crianças tendo ataques de choro simplesmente porque a *internet* travou, por alguns segundos, o vídeo que estavam assistindo, ou porque não tiveram um desejo atendido por alguém imediatamente. Com certeza, você já deve ter

---

Em quais situações você se sente mais impaciente? Liste três delas e como costuma enfrentá-las.

Situação:_____
_____
Como lido:_____
_____

Situação:_____
_____
Como lido:_____
_____

Situação:_____
_____
Como lido:_____
_____

presenciado uma cena como essa. Fazemos parte da "geração *fast-food*" e queremos que as coisas aconteçam para já, ou melhor, para ontem, porque não sabemos esperar — na verdade, nem queremos isso.

O problema é que essa pressa toda, aliada à atraente sensação de ter o que desejamos ao alcance das nossas mãos em um piscar de olhos, vai roubando de nós a essência da espera. Nesse contexto, os pequeninos crescem sem saber aguardar, o que pode trazer muitos prejuízos para as suas vidas no futuro. Por isso, é crucial que, ainda na infância, aprendam a esperar cada coisa no seu tempo apropriado para tornarem-se adultos maduros e preparados emocional e psicologicamente.

A palavra de Deus, em Eclesiastes, já nos alerta sobre haver um momento adequado para cada situação: "Para tudo há uma ocasião, e um tempo para cada propósito debaixo do céu [...]" (Eclesiastes 3.1).

Ao meditar nesse versículo, compreendo que a espera é um elemento intrínseco à nossa existência, e extraio três aprendizados que pude experimentar na minha história:

- **Esperar tem a ver com maturidade:** precisamos aguardar uma fruta amadurecer para provarmos o seu melhor sabor.
- **Esperar tem a ver com preparo:** necessitamos esperar o tempo de preparação de uma refeição para desfrutarmos da melhor experiência que ela pode nos proporcionar.
- **Esperar tem a ver com processo:** a lagarta passa por um período dentro do casulo para só depois se transformar em uma bela borboleta.

Se não entendermos essas verdades, sofreremos diante dos períodos de espera ou das adversidades que surgirem. Por outro lado, é sempre bom lembrar que Deus não desiste de nós: mesmo que estejamos impacientes, apressados e sequer saibamos aonde devemos chegar, ele nos ensina, por meio da simplicidade do dia a dia, a importância de esperar.

Você se lembra da história dos irmãos Esaú e Jacó, filhos de Isaque? Veja o que aconteceu com eles:

> Certa vez, quando Jacó preparava um ensopado, Esaú chegou faminto, voltando do campo, e pediu-lhe: "Dê-me um pouco desse ensopado vermelho aí. **Estou faminto!**" Por isso também foi chamado Edom. Respondeu-lhe Jacó: "Venda-me primeiro o seu direito de filho mais velho". Disse Esaú: "**Estou quase morrendo. De que me vale esse direito?**" Jacó, porém, insistiu: "Jure primeiro". Então ele fez um juramento, vendendo o seu direito de filho mais velho a Jacó. Então Jacó serviu a Esaú pão com ensopado de lentilhas. Ele comeu e bebeu, levantou-se e se foi. **Assim Esaú desprezou o seu direito de filho mais velho.** (Gênesis 25.29-34 - grifos da autora)

Naquela época, o filho mais velho tinha o direito de primogenitura. Isso significava que, depois da morte de seu pai, ele assumiria o papel de chefiar a família, receberia dupla porção da herança paterna e usufruiria da maior parte dos bens e das regalias familiares.

Por não saber esperar, Esaú vendeu seu direito a Jacó, valorizando mais a necessidade imediata de satisfazer sua fome — que, sejamos sinceras, era insignificante — do que a bênção geracional que receberia.

Quantas vezes, assim como Esaú, renunciamos a algo precioso por causa do ímpeto de atender a um desejo desenfreado, e depois nos arrependemos amargamente? É por essa razão que costumo dizer: **não troque o que você mais quer na vida pelo que mais deseja no momento.** Precisamos aprender a enxergar a magnitude por trás da espera mesmo que esta seja difícil, afinal **vale a pena esperar pelo que vale a pena ter.**

Acredito que o período mais desafiador na vida de uma mulher cujo coração deseja agradar ao Senhor é a espera do seu grande amor, tendo em vista que escolher a pessoa com quem ela passará o restante dos seus dias é a segunda decisão mais importante de sua trajetória — já que a primeira é reconhecer Jesus como seu único e suficiente Salvador.

Por esse motivo, decidi compartilhar algumas experiências pessoais as quais Deus usou para dar início a um longo processo de espera que vivi até conhecer o meu marido. É certo que o Senhor tem um plano soberano e personalizado para cada uma de nós e, ainda que, nessa jornada, tenha recebido chaves poderosas do Céu que me ajudaram a encarar essa fase sob a perspectiva celestial — apesar das dificuldades —, a verdade é que, assim como qualquer ser humano, sigo aprendendo a esperar no Senhor e confiar em seu caráter e amor. No entanto, desejo testemunhar aquilo que Deus é capaz de realizar na vida de alguém que escolhe se submeter aos seus princípios.

Este livro, portanto, não é sobre mim ou a linda história de amor que, pela graça divina, desfruto hoje. Estas páginas dizem respeito a Cristo, que me ensinou o valor da espera, e é exatamente isso que gostaria de repartir com você a partir daqui.

Por que devo aprender a esperar em Deus?

Posso imaginar que, até este momento de leitura, você já compreendeu o quão fundamental é aprendermos a desenvolver a capacidade de esperar, seja na infância, adolescência ou quaisquer outros estágios. Por outro lado, assim como todas as crianças, eu também passei por situações que trouxeram inseguranças ao meu coração com relação a esse assunto. Permita-me contar uma história que aconteceu comigo quando eu era ainda bem nova.

Eu recebi uma grande bênção de Deus por já nascer em um lar cristão. Meus pais me criaram com o hábito de ir à igreja, e, aos sete anos, vivi a minha primeira experiência com o Senhor.

Era agosto de 1997, no culto dominical da parte da manhã, meu pai, na época pastor daquela congregação, reuniu todos os pequeninos no templo, pois tinha convidado um preletor de fora para ministrar o batismo com o Espírito Santo.

Lembro-me bem daquele grupo infantil se dividir em duas fileiras, lado a lado. Perto de mim estavam meu irmão e minha prima. À medida que o pregador intercedia e impunha as mãos sobre a cabeça de cada criança, ela era cheia do Espírito. Ainda me recordo da emoção que senti naquela manhã, pois a presença de Deus era palpável.

Em seguida, o convidado foi se aproximando de nós, impôs a mão sobre a cabeça da minha prima, e ela transbordou, passando a falar em línguas; com o meu irmão aconteceu a mesma coisa logo depois. Na mesma hora, meu coração acelerou, pois eu seria a próxima e ansiava muito por aquela unção. Contudo, antes que ele tivesse a chance de se aproximar de mim, meu pai, que orava no microfone principal, encerrou a ministração. Naquele dia, eu e mais duas crianças que estávamos no final da fila, não recebemos esse revestimento de poder do alto.

Você consegue imaginar como meu coração se encheu de frustração e tristeza naquele instante?

No carro, enquanto voltávamos para casa, eu chorava copiosamente perguntando ao meu pai por que ele tinha feito aquilo comigo. "Minha princesa, o papai não viu que faltava você. Perdoe o papai", ele dizia. Certamente, ele parou de orar porque entendeu que todo o grupo infantil reunido no templo havia sido tocado pelo Espírito Santo. Foi uma manhã gloriosa, mas eu estava inconsolável.

Ao chegar em casa, fui para o meu quarto, dobrei os joelhos diante da minha cama e fiz a seguinte oração ao Senhor: "Papai do Céu, eu não recebi o batismo do Espírito Santo hoje, mas quero pedir a ti que eu seja batizada no Dia das Crianças. Peço também que estejam presentes meu pai, minha mãe, meu irmão e minha prima. Em nome de Jesus, amém".

Repeti a mesma oração por 2 meses, durante todos os dias de agosto a outubro de 1997, antes de dormir. No Dia das Crianças, meus pais fizeram um culto infantil e, ao final, todos nós fomos à frente receber uma oração. Guardo na memória o instante em que meu pai começou a entoar uma canção muito antiga que dizia: "Me queima com brasa viva do altar"[1]. Pouco depois, eu comecei a chorar de uma maneira que não entendia, pois não estava triste. Eram lágrimas de alegria, inédito para mim até então — era a presença de Deus enchendo meu coraçãozinho. Quando menos esperei, o Espírito Santo me encheu, e eu transbordei em línguas. Depois de ficar ali por alguns minutos, abri os olhos e notei que à minha frente estava meu pai, perto de mim estavam meu irmão e minha prima, igualmente cheios, e à direita, minha mãe. Assim, percebi que Deus havia atendido à minha oração e realizou conforme desejou meu coração.

A partir daquele dia, 12 de outubro de 1997, eu entendi que Deus era real. Após esse episódio, as experiências que vieram só me aproximavam mais dele e confirmavam o fato de eu amar a sua casa e a sua presença por causa do relacionamento que construí com ele, e não porque meus pais eram os pastores da igreja.

Mas o que essa história tem a ver com esperar em Deus? Eu precisei contá-la para que você entenda melhor o que vem a seguir.

No início da minha adolescência, minhas amigas da igreja e da escola naturalmente começaram a se interessar pelos rapazes. Recordo-me de que, aos treze anos, ouvia algumas delas falarem de

---

[1] COELHO, Edson. Me Queima com Brasa Viva. In: SAKAMOTO, Célia. Vai Ficar Tudo Bem. São Paulo: Musile Records, 2012. 1 CD. Faixa 11.

"teias de aranha" por não beijarem há algum tempo, e outras ficarem envergonhadas, pois ainda não haviam beijado ninguém. "Meu Pai, se elas estão com teia de aranha, imagine eu, que sou BV[2]", pensava.

Eu sempre fui muito comunicativa, enérgica e amava fazer novas amizades, resultado, creio eu, do meu temperamento sanguíneo. Como quase toda adolescente de catorze anos, eu era muito intensa. Além disso, por ser romântica, ficava sonhando acordada com meu primeiro amor, o dia do meu casamento e todas aquelas coisas que invadem a mente de uma menina.

Entretanto, apesar do romantismo e intensidade, ao refletir acerca de relacionamentos, acreditava que, se me enamorasse de alguém, muito provavelmente me envolveria demais, e se aquela não fosse a pessoa certa para mim, sofreria muito — como já tinha presenciado na vida de algumas amigas que haviam passado por frustrações na área sentimental. Até que, um dia, refletindo sobre isso, fui conversar com Deus a respeito do que se passava em meu coração.

Entrei no meu quarto, dobrei meus joelhos e fiz a seguinte oração: "Pai, eu sei que o Senhor me dá todo o direito de escolher a pessoa com quem devo me relacionar, mas quero pedir que me ajude nesse processo. Não quero perder tempo nem sofrer por quem está fora dos teus planos para mim. Por isso, peço que o Senhor adormeça o meu coração e que ele acorde no tempo apropriado, para o rapaz certo. Em nome de Jesus, amém".

Particularmente, eu não acredito que Deus escolha a pessoa com quem vamos nos casar, mas creio que, se pedirmos sua ajuda nessa seleção, ele nos dá todos os sinais de que aquele homem é ou não alguém realmente compatível conosco e com o propósito do Senhor para nós, já que ele conhece o nosso futuro.

---

[2] Sigla usada para "boca virgem", alguém que nunca beijou na boca. [N.A.]

Quando eu estava interessada por alguns rapazes, vivi experiências em que Deus me deu confirmações para não seguir com a conversa. Mas isso é assunto para os próximos capítulos.

Contei essas histórias para explicar que tomei a decisão de esperar um homem segundo o coração de Deus para mim, porque eu já conhecia o Senhor e havia experimentado o suficiente com ele para entender que a presença do Pai era a minha melhor companhia. Entendi o texto de Jeremias 29.11, que diz que Deus tinha bons planos para a minha vida e eu decidi firmemente confiar nele.

De fato, não foi fácil esperar pelo meu amado durante tanto tempo. Eu fiz essa oração aos catorze anos e tinha certeza de que aos vinte já estaria casada e com filhos, mas não foi o que aconteceu. No entanto, aos vinte, pude mostrar ao Senhor que estava, de verdade, esperando nele.

Algumas de nós dizemos que estamos esperando em Deus quando, na realidade, estamos apenas sem "contatinhos" no momento. Outras dizem: "cansei de esperar em Deus", quando nunca confiaram nele de fato, mas sim na sua capacidade de escolha.

Aguardar é sempre custoso; enquanto esperamos, parece que não vemos nada acontecer. Porém, é durante essa temporada que trilhamos um caminho onde aprendemos da melhor maneira que devemos confiar mais em Deus e menos em nós.

Como mencionei no início deste capítulo, esperar tem a ver com preparo, processo e maturidade. Enquanto depositamos nossa esperança em Deus, ele nos amadurece e nos forja para receber a nossa família — a bênção sobre a qual discorrerei a seguir.

Família: uma ideia de Deus

Antes de aprofundar acerca da espera do amado, preciso abordar sobre o quanto a família é um projeto precioso e divino, razão pela qual percebo que Satanás tem lutado com todas as forças para, aos poucos, tirar essa verdade de nossa mente.

É maravilhoso ler Gênesis e ver o início de tudo. Do caos, Deus criou Céus e Terra. Depois, preencheu o Universo com beleza, vida e propósito. Foi nesse contexto que a família foi gerada pelo Senhor. No princípio, ele também estabeleceu seu padrão de funcionamento. Deus abençoou o homem e a mulher dizendo-lhes: "Sejam férteis e multipliquem-se! Encham e subjuguem a terra!" (Gênesis 1.28). Nesse sentido, os animais estariam sujeitos ao domínio deles, e a terra lhes daria o seu alimento.

O plano divino original não foi alterado. Família continua sendo uma ideia de Deus. Como o pecado do ser humano o afastou de seu Criador, sua natureza sofreu uma degeneração e, por consequência, todos os seus relacionamentos foram atingidos. Em outras palavras, a índole humana tornou-se corrompida com a quebra do seu relacionamento com Deus, afetando negativamente todas as circunstâncias ao seu redor. Satanás, por sua vez, começou sua perseguição à humanidade, principalmente ao projeto divino de família, pois, ao fazer isso, sabia que interferiria de modo direto no propósito eterno.

> QUANDO UMA FAMÍLIA É CONSTITUÍDA, O PROPÓSITO DIVINO SE CUMPRE.

Logo, todas as vezes que você sente o desejo de ter uma família, de se casar e dar à luz filhos, é por causa do que aconteceu lá no Éden quando o Senhor criou a mulher: "Então o Senhor Deus declarou: 'Não é bom que o homem esteja só; farei para ele alguém que o auxilie e lhe corresponda'" (Gênesis 2.18). Deus nos formou quando viu a necessidade de alguém que auxiliasse e correspondesse ao homem — como está registrado em Gênesis 2.20. No Novo Testamento, o evangelho de Marcos faz referência aos textos de Gênesis 1.27 e 2.24, explicando a intenção divina na união feita entre um homem e uma mulher por meio do casamento: "Mas no princípio da criação Deus 'os fez homem e mulher'. 'Por esta razão, o homem deixará pai e mãe e se unirá à sua mulher, e os dois se tornarão uma só carne'. Assim, eles já não são dois, mas sim uma só carne. Portanto, o que Deus uniu, ninguém o separe" (Marcos 10.6-9).

Quando um matrimônio acontece, uma família é constituída, e o propósito divino está sendo cumprido. Em vista disso, se você é invadida por pensamentos como: "família não é para mim", "eu nunca vou ter um casamento", "eu sou um fracasso como mulher, não mereço um bom marido", "tive um passado tenebroso, jamais serei feliz", "sou mãe solteira, como poderia sonhar com um casamento abençoado?", não é outra coisa senão Satanás lutando contra o plano original de Deus para a sua história — afinal, a menos que tenha uma vocação para o celibato, você foi feita para construir família.

Talvez você, querida leitora, venha de um lar não tradicional, ou já se ache velha demais para se casar. Quem sabe é uma mãe solteira ou até mesmo viúva? Nada disso a impede de viver a plenitude dos planos de Deus para a sua vida sentimental. Jamais permita que alguém lhe diga o contrário. Você pode, e eu oro e creio que irá viver um casamento abençoado por Deus, mesmo que nunca tenha acontecido ou que seja a restauração de uma aliança quebrada. Não se desespere. Deus é poderoso para fazer com você o que ele fez com Rute, uma mulher viúva que recebeu do Senhor o seu resgatador, Boaz.

Hoje, eu a encorajo a lutar contra toda investida maligna e pensamentos nocivos, e comece a pensar no que o Senhor diz a seu respeito — filha amada do Pai —, como está escrito em sua palavra:

> "'Porque sou eu que conheço os planos que tenho para vocês', diz o Senhor, 'planos de fazê-los prosperar e não de lhes causar dano, planos de dar-lhes esperança e um futuro. Então vocês clamarão a mim, virão orar a mim, e eu os ouvirei. Vocês me procurarão e me acharão quando me procurarem de todo o coração'". (Jeremias 29.11-13)

Você consegue imaginar o quão lindo isso é? Deus tem algo projetado para a sua vida que lhe fará muito bem, e não mal. Sendo assim, eu a incentivo a fazer a seguinte declaração em alta voz:

> *Eu, [fale seu nome aqui], sou filha amada do Pai. Ele me formou no ventre da minha mãe com amor, conhece todos os meus anseios e minhas necessidades, e se importa comigo. Por isso, declaro que rejeito tudo aquilo que não faz parte do propósito de Deus para a minha vida. Afirmo que ainda viverei todos os projetos que o Senhor estabeleceu para mim. Eu declaro que terei um casamento e uma família abençoados.*

Quais problemas posso enfrentar se não tomar a decisão de esperar fielmente em Deus?

O livro de Gênesis, nos capítulos 12, 15 e 18, relata que Deus prometeu uma descendência numerosa a Abraão, mesmo que ele e sua esposa já estivessem com a idade avançada e ela fosse estéril. Gênesis 18.19-15 conta ainda que Sara recebeu uma palavra diretamente de Deus, confirmando que o propósito dele sempre foi que Abraão gerasse um filho por meio de sua esposa legítima. Contudo, os dois aguardaram por longos anos até o cumprimento dessa promessa e, quando tudo indicava que nada aconteceria, Sara decidiu fazer as coisas ocorrerem à sua maneira:

> Ora, Sarai, mulher de Abrão, não lhe dera nenhum filho. Como tinha uma serva egípcia, chamada Hagar, disse a Abrão: "Já que o Senhor me impediu de ter filhos, possua a minha serva; talvez eu possa formar família por meio dela". Abrão atendeu à proposta de Sarai. Quando isso aconteceu já fazia dez anos que Abrão, seu marido,

> vivia em Canaã. Foi nessa ocasião que Sarai, sua mulher, entregou sua serva egípcia Hagar a Abrão. Ele possuiu Hagar, e ela engravidou. Quando se viu grávida, começou a olhar com desprezo para a sua senhora. (Gênesis 16.1-4)

Nesse trecho, a Bíblia nos revela que Sara decidiu não confiar no Senhor nem esperar sua promessa, ao induzir Abraão a se deitar com outra mulher, a fim de que gerasse um filho dele. Se você conhece o restante da história, já deve se lembrar que isso causou grandes problemas tanto para Abraão e Sara quanto para Hagar. Todas as vezes que tentarmos antecipar as bênçãos de Deus, isso resultará em consequências ruins para nós. A coisa certa na hora errada se torna algo errado. Precisamos ser pacientes e confiar mais no Pai celestial. Não podemos desistir dos planos de Deus se a resposta que esperamos dele não vier na hora que pensamos ser apropriada.

Eu me lembro do dia que precisei cancelar todos os meus compromissos para socorrer uma jovem de dezenove anos, que, aos prantos, contava-me sobre o fato de estar velha demais para encontrar o amor de sua vida. Sim, foi isso mesmo que você leu: uma jovem de dezenove anos, desesperada. O que eu não sabia é que ela estava prestes a colocar em prática um plano que lhe prejudicaria para sempre. Assim como Sara, ela estava disposta a colocar tudo a perder — tendo consciência disso ou não — por não saber aguardar com paciência.

Por meio dessa história bíblica, e de todas as que acompanhei ao longo do meu ministério com jovens, compreendi que Deus enxerga o todo, enquanto nós só enxergamos uma parte. Necessitamos desse entendimento de uma vez por todas. Ele sabe o que é melhor para nós: por que ainda teimamos em não confiar em seus planos? O Senhor é poderoso para fazer algo extraordinário em nossas vidas, como diz sua palavra: "Àquele que é capaz de fazer infinitamente mais do que tudo o que pedimos ou pensamos, de acordo com o seu poder que atua em nós [...]" (Efésios 3.20).

Mesmo ouvindo e lendo esse versículo muitas vezes, ainda duvidamos das promessas divinas e não exercitamos nossa fé. Infelizmente, não temos a paciência de esperar o agir perfeito do Pai e desejamos fazer com que as coisas aconteçam no nosso tempo e do nosso jeito.

No entanto, quero desafiá-la neste momento a crer que os planos de Deus são melhores e maiores que os seus e que o tempo dele é perfeito. Falhamos miseravelmente quando tentamos ajudar o Senhor. Abraão e Sara provocaram uma crise em sua família que tem efeitos até os dias de hoje, porque quiseram adiantar o projeto divino. Não devemos fazer como eles, mas sim seguir o conselho do salmista Davi, que decidiu confiar no Senhor de todo o seu coração: "Coloquei toda minha esperança no Senhor; ele se inclinou para mim e ouviu o meu grito de socorro" (Salmos 40.1).

Quem sabe sua alma já não esteja dando vários gritos de socorro, mas você não está sabendo derramá-los diante de quem pode resolver o seu problema? Talvez você nunca tenha falado com Deus sobre sua vida sentimental, ou até tenha metido os pés pelas mãos em algum momento, e isso lhe trouxe algumas consequências das quais você não se orgulha e tem até vergonha de expor. Provavelmente, nesse instante, você acaba de entender o quanto tentou controlar a sua vida e fracassou, quando deveria ter depositado sua confiança no Senhor.

Não importa qual seja sua realidade, se este livro está em suas mãos, acredito que Deus anseia restaurá-la para viver o melhor que ele tem para você nessa área. É por essa razão que a passagem de Isaías 43 nos aconselha: "Esqueçam o que se foi; não vivam no passado. Vejam, estou fazendo uma coisa nova! Ela já está surgindo! Vocês não o percebem? Até no deserto vou abrir um caminho e riachos no ermo [...]" (Isaías 43.18,19). Receba as palavras de Deus ao ler esse versículo e comece a enxergar o seu futuro com uma nova perspectiva.

Quero encorajá-la a escrever uma carta para Deus agora mesmo expressando o que se passa em seu coração. Talvez você precise contar para ele o que está afligindo sua alma, ou lhe pedir perdão, ou ainda entregar o controle de toda sua vida nas mãos dele. "Thayse, mas Deus já sabe como me sinto", pode ser o seu pensamento nesta hora, mas eu a convido a externar para ele tudo o que se passa dentro de você.

No Novo Testamento, antes de operar cura ao cego Bartimeu, mesmo sabendo do que ele precisava, Jesus lhe perguntou: "O que você quer que eu lhe faça?" (Marcos 10.51a). O Senhor lhe faz esse mesmo questionamento hoje. O seu Pai deseja saber o que a sua filha amada anseia receber. Vamos, escreva e, daqui a algum tempo, volte a ler estas páginas. Tenho convicção de que testificará que ele fez infinitamente mais do que você pediu ou pensou.

Nesse processo, não perca de vista a garantia do salmo 34. Deus se voltará para aquele que se derramar em sua presença; foi o que Davi experimentou: "Os olhos do Senhor voltam-se para os justos e os seus ouvidos estão atentos ao seu grito de socorro; [...] O Senhor está perto dos que têm o coração quebrantado e salva os de espírito abatido" (Salmos 34.15,18).

Enquanto escrevo este livro, oro para que o Espírito Santo lhe traga entendimento, de forma que você enxergue os propósitos de Deus para a sua vida, e cura para o seu coração — caso haja necessidade —, a fim de que você viva a boa, perfeita e agradável vontade do Pai na sua vida sentimental, assim como ele fez comigo.

É verdade que todo processo de espera tem seus desafios — muitos, para ser sincera, mas o Senhor não me abandonou em nenhum instante, e não fará isso com você também. A partir daqui, peço que continue comigo ao longo destes capítulos, pois compartilharei com você todas as dificuldades que enfrentei, as lições que aprendi e as ferramentas que recebi do Senhor durante os dezessete anos em que aguardei o meu amado.

_____ / _____ / _____

Escreva aqui sua carta para Deus

Vale a pena esperar pelo que vale a pena ter

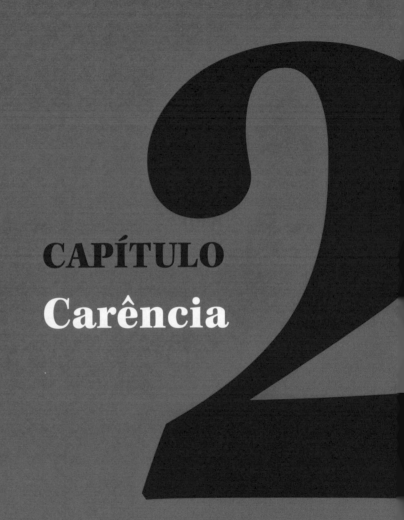

CAPÍTULO 2
Carência

"O MEU DEUS
SUPRIRÁ TODAS AS
NECESSIDADES DE VOCÊS,
DE ACORDO COM AS SUAS
GLORIOSAS RIQUEZAS
EM CRISTO JESUS."
— FILIPENSES 4.19

Querida leitora, no capítulo anterior, você expressou suas palavras mais sinceras em uma carta direcionada a Deus, compartilhando os anseios do seu coração, além de declarar que confia nos planos divinos para sua vida. Posso ter uma ideia de como esteja se sentindo neste momento. Imagino que, nesta jornada de espera, você tem procurado se alegrar plenamente no Senhor, desejando experimentar um casamento especial e pleno e viver os propósitos que ele estabeleceu para a sua vida. Sabemos que nem sempre é fácil, mas se Deus está conosco, somos capazes de enfrentar grandes desafios.

Por esse motivo, oro e creio que, ao longo de cada um dos capítulos, testemunhos, e interações presentes aqui, sua espera será restaurada e redirecionada, e você ainda mais incentivada a depositar sua motivação, confiança e expectativas na pessoa certa: no Pai celestial.

Se, porventura, deixou passar essa oportunidade, insisto que, antes de avançar na leitura deste livro, dirija-se ao Senhor com fé e disposição para abrir sua alma e ouvir o que ele tem a dizer. Derrame o seu coração e escreva a sua carta para Deus. Tenho plena convicção de que esse gesto agradará o coração do Pai, renovará suas forças e a ajudará a prosseguir com mais fé.

Carência afetiva: um desafio significativo na espera

Se você decidiu esperar em Deus de maneira intencional, tenha certeza de que ele é o seu maior aliado nesse processo. Essa postura é bem diferente e infinitamente melhor do que apenas aguardar.

A EXPERIÊNCIA DE ESPERAR EM DEUS NÃO É APENAS ESPERAR; É INFINITAMENTE MELHOR.

Contudo, como já vimos, ela é desconfortável, pois enfrentamos obstáculos e adversidades que parecem tornar o caminho mais árduo. Na minha opinião, um dos desafios que mais comprometem o êxito desse período é a carência. Já vi mulheres arruinarem a própria vida por tomarem péssimas decisões quando se encontravam nessa condição. Deixe-me explicar por que razão isso acontece.

Cada indivíduo possui necessidades fundamentais, que impactam sensivelmente seu equilíbrio emocional quando não são atendidas. Por exemplo, é crucial experimentar amor e sensos de valor e pertencimento em todas as fases do nosso crescimento para nos tornarmos adultos emocionalmente saudáveis.

No entanto, infelizmente é quase impossível alcançar isso de forma plena, tendo em vista que somos imperfeitos e carregamos certas bagagens que nos impedem de manifestar comportamentos cem por cento sadios, por mais que desejemos.

Considere que, embora os pais amem profundamente seu filho recém-nascido, ambos também trazem suas próprias feridas emocionais, traumas e padrões comportamentais. Por consequência, transmitem inconscientemente essa estrutura afetiva em sua forma de agir e influenciam o modo como a criança se sente amada, valorizada e pertencente. Em outros estágios da vida, essa dinâmica se repetirá em diferentes níveis de relacionamento com familiares, amigos e pessoas próximas.

Essas demandas emocionais não supridas geram, portanto, uma falta, uma privação, uma necessidade afetiva que chamamos de **carência**.

O desafio mais significativo — que pode se tornar um grande problema — está em que e em quem buscamos preencher essa falta, pois quando não permitimos que a carência seja controlada, ela passará dominar a nossa mente e o nosso estado emocional. Esse domínio pode ser tão intenso a ponto de nos levar a agir impulsivamente, sem ponderar as consequências, repercutindo nas nossas palavras e atitudes.

Vejamos como isso ocorre. Você certamente já deve ter ouvido que **todo excesso esconde uma falta**. Conheço pessoas que passaram por grandes privações financeiras em uma fase da vida e hoje são consumistas compulsivas; outras que passaram pela escassez de alimento e agora desperdiçam comida, pois não suportam a ideia de viver o passado novamente.

> **Privações podem gerar excessos. Já observou esse comportamento em você? Reflita um pouco e anote: já passou por privações? Quais? Elas geraram uma carência em sua alma? Tente observar como compensa essa falta e escreva.**
>
> Privação:_____
> _____
> Compensação:_____
> _____
>
> Privação:_____
> _____
> Compensação:_____
> _____
>
> Privação:_____
> _____
> Compensação:_____
> _____

Em vista disso, é essencial que você reflita: qual é a origem da sua carência? Por acaso, provém da ausência ou da omissão de seus pais, da privação de afeto, amor, validação, até mesmo da falta de estabelecimento de limites? Talvez você tenha enfrentado a rejeição e o abandono. Esses fatores podem explicar algumas decisões impensadas, tomadas meramente pela oportunidade e pelo desejo de saciar a necessidade de atenção, carinho ou aprovação.

Nesse contexto, tratarei dos sintomas mais comuns da carência, a fim de que você possa aprofundar o seu processo de autoconhecimento e de cura interior.

Sintomas da carência afetiva

A carência afetiva pode se manifestar de diversas formas, impactando o nosso equilíbrio emocional e espiritual. Esse estado pode gerar uma busca desesperada por preencher um vazio em nossa alma, que será evidente por meio de sentimentos, atitudes e reações.

Os principais sintomas[1] dessa condição geralmente se caracterizam por: zelo em excesso; ciúmes desmedidos; necessidade de atenção; dependência emocional; submissão descompensada; medos e fobias; falta de objetivos pessoais; inferioridade.

Quando não há o cuidado em observar esses sinais, seja por não saber como avaliá-los, seja por não permitir que o Pai amoroso os trate, eles podem ofuscar a percepção de um indivíduo. Logo, a carência embaça o discernimento e, quanto maior for o seu nível, mais limitada será a capacidade de enxergar claramente.

Por isso, ao final deste capítulo, disponibilizarei algumas perguntas reflexivas que vão ajudá-la a identificar a intensidade desse sentimento em sua vida. Assim, caso tenha vivenciado experiências muito custosas que geraram feridas profundas e difíceis de serem curadas, poderá considerar a busca de um profissional especializado em saúde mental.

Continue comigo, pois vamos examinar determinadas situações que testemunhei e as possíveis consequências de não entregarmos o nosso coração à pessoa certa.

---

[1] Oliveira, Natalia Queiroz Nunes de. O que é a carência afetiva? *Psicólogos Berrini*, [s.l.], 28 fev. 2018. Disponível em: https://www.psicologosberrini.com.br/blog/o-que-e-carencia-afetiva/. Acesso em: 14 jun. 2023.

Consequências da carência afetiva

Se eu pudesse lhe dar um conselho diria para **jamais entrar em um relacionamento quando estiver se sentindo sozinha**. A pior coisa que podemos fazer para nós mesmas enquanto esperamos em Deus é nos envolvermos com alguém motivadas pela carência.

Expresso isso com profunda seriedade, pois, ao longo dos dez anos que liderei jovens na igreja, lamentavelmente presenciei algumas das nossas jovens conformando-se com migalhas de relacionamentos claramente sem futuro e, em algumas ocasiões, até mesmo abusivos.

Quando essas moças vinham a mim, eu tentava ajudá-las com conversas francas e aconselhamentos. Algumas mães chegavam a me procurar pedindo reforço para auxiliar as filhas, mas foram raríssimos os casos em que tivemos sucesso, porque a visão delas estava ofuscada a tal ponto que a carência falava mais alto do que qualquer outra voz. Em decorrência disso, por inúmeras vezes, testemunhei o mesmo resultado: depois de terem "quebrado a cara", voltavam cheias de marcas, frustradas e desoladas. O meu coração sangrava mais ainda quando me diziam: "Eu sei que preciso virar essa página, sei que ele não é para mim. Mas não consigo, ainda o amo".

Se eu, como líder, lamento tanto essas situações, fico imaginando como se sente Jesus, que ama cada jovem de forma incondicional. Por isso, querida leitora, esteja certa de que ele se entristece quando vê que temos levado uma vida aquém da que planejou. Cristo não apenas disse que veio para que tenhamos vida em abundância, mas também pagou um preço inestimável por nós, alto demais para permitirmos que relacionamentos distantes do propósito dele se tornem a nossa realidade.

Com o objetivo de ilustrar e trazer mais compreensão a esse assunto, contarei uma história de dois jovens solteiros, para os quais usarei nomes fictícios: Laís e Bruno.

Primeiramente, Bruno tinha se interessado por Laís. Como ela estava muito carente — por não se relacionar há algum tempo — e cheia de questionamentos e inseguranças, rapidamente cedeu aos seus encantos. Logo, começaram a trocar mensagens. Nesse cenário, ele falava exatamente o que a jovem gostaria de ouvir. Um exemplo foi a proposta que fez para orarem juntos e ver o que Deus tinha a dizer sobre esse possível relacionamento. Contudo, antes de desenvolverem essa disciplina espiritual e receberem alguma confirmação do Senhor, com a empolgação que sentiam, começaram a se ver com frequência. Nesses encontros, entre uma carona e outra, beijavam-se ou, como se dizia na época, "ficavam".

Antes de contar o desfecho dessa história, faço uma pequena pausa para apresentar a minha visão sobre o costume que temos de "orar para namorar". Essa prática geralmente acontece quando um casal que se gosta manifesta o desejo de ouvir de Deus se o relacionamento que pretendem iniciar está de acordo com a vontade dele.

Não sou contra a oração, mas fico pensando: se não se tratar de um relacionamento segundo a vontade do Senhor, quais as chances de esse casal ouvir a voz dele caso diga "não"? Creio que quase nenhuma, você concorda? Afinal, já estão completamente envolvidos, até mesmo com atitudes típicas de um casal de namorados.

Por esse motivo, é de extrema importância que uma mulher não se deixe dominar pela carência a ponto de se envolver e se entregar de corpo e alma, sem agir com racionalidade na fase crucial de conhecer o homem — ou seja, antes de iniciar um relacionamento com ele.

Deixe-me contar brevemente a minha experiência. Quando conheci o Samuel, meu marido, eu tinha vinte e nove anos e ele trinta e dois; eu morava em Brasília e ele, em Fortaleza. Conversamos à distância por cerca de cinquenta dias — sem falhar um sequer. Nessas conversas, onde já vislumbrávamos a possibilidade de um futuro relacionamento, fazíamos perguntas um ao outro sobre gostos e passatempos, propósito de vida, visão de futuro, etc.

Enquanto isso, orávamos de forma individual sobre essa aproximação. Para ser ainda mais sincera com você, desde a minha primeira oração aos catorze anos, não parei de orar por essa área da vida. Portanto, quando o Samuel apareceu, o que fiz foi **acrescentar** motivos às minhas orações. Eu não dependia dele para começar a desenvolver uma vida de oração no que se referia aos meus sentimentos, entende? O nosso primeiro beijo aconteceu apenas depois que ele me pediu oficialmente em namoro. Ele também fez questão de receber a bênção e pedir a aprovação dos meus pais, mesmo que eu já fosse uma mulher de quase trinta anos.

Mas retomando a história da Laís, ela começou a se incomodar pelo fato de o tempo passar, e o Bruno não a pedir em namoro. Já havia alguns meses que eles estavam "conversando", sem que ele assumisse um compromisso com ela.

Como você já deve ter percebido, a situação era muito conveniente para ele, enquanto ela se iludia com a perspectiva de um relacionamento e tentava suprir suas carências. Apesar de todo o desconforto que isso lhe causava, Laís não conseguia tomar uma posição firme, uma vez que o medo de o perder a dominava.

Para agravar ainda mais as circunstâncias, Bruno, sem cerimônias, decidiu investir em uma jovem recém-chegada à igreja, deixando Laís simplesmente a ver navios. Desolada e profundamente frustrada, ela me procurou em busca de apoio, pedindo que a liderança tomasse alguma atitude quanto ao rapaz, pois considerava o comportamento dele inadmissível.

Mesmo sensibilizada com a sua dor, eu precisei fazer-lhe uma pergunta delicada: "Laís, podemos conversar com o Bruno e confrontá-lo, mas primeiro preciso saber de algo. Até onde ficamos sabendo, vocês estavam apenas conversando. Ele chegou a pedir você em namoro? Vocês não nos procuraram". Com o olhar fixo no chão, ela respondeu: "Não pediu". Então continuei: "Você concorda que, mesmo se o confrontarmos acerca dessa postura, ele pode alegar que não está fazendo nada de errado, pois nenhum compromisso foi assumido entre vocês?". Laís consentiu e pediu que não falássemos nada com ele para evitar que a humilhação dela fosse ainda maior.

Essa história cortou o meu coração, pois acompanhei de perto o sofrimento da jovem. Fiz questão de contá-la aqui para que tenhamos em mente até que ponto uma mulher carente demais pode trazer problemas para si mesma.

Diante de casos como esse, aprendi que, quanto maior for a carência de uma pessoa, mais baixo será o nível de defesa. No entanto, quero lhe dar uma boa notícia: se você está esperando em Deus, ele pode e quer ajudá-la. A verdade é que, se pensarmos bem, a carência é um grito da alma ansiando pela presença do Senhor.

Como mencionei no início deste capítulo, somos humanos, cheios de falhas e limitações; nunca conseguiremos suprir todas as necessidades das outras pessoas, nem elas serão capazes de satisfazer totalmente as nossas. Somente Deus pode fazer isso. Ele é o homem que nunca nos decepcionou e nunca o fará.

Desse modo, a seguir, compartilharei práticas espirituais para você vencer a carência.

Práticas espirituais para vencer a carência afetiva: o jejum e a solitude

Quando esteve aqui na Terra, Jesus passou por momentos de carência; por isso, ele sabe exatamente o que acontece conosco. Veja o que está escrito no evangelho:

> Então Jesus foi levado pelo Espírito ao deserto, para ser tentado pelo diabo. Depois de jejuar quarenta dias e quarenta noites, teve fome.

> O tentador aproximou-se dele e disse: "Se és o Filho de Deus, manda que estas pedras se transformem em pães". Jesus respondeu: "Está escrito: 'Nem só de pão viverá o homem, mas de toda palavra que procede da boca de Deus'". Então o diabo o levou à cidade santa, colocou-o na parte mais alta do templo e lhe disse: "Se és o Filho de Deus, joga-te daqui para baixo. Pois está escrito: 'Ele dará ordens a seus anjos a seu respeito, e com as mãos eles o segurarão, para que você não tropece em alguma pedra'". Jesus lhe respondeu: "Também está escrito: 'Não ponha à prova o Senhor, o seu Deus'". Depois, o diabo o levou a um monte muito alto e mostrou-lhe todos os reinos do mundo e o seu esplendor. (Mateus 4.1-8)

Esse texto nos relata que, após passar quarenta dias sem comer, Jesus teve fome. Logo, ele estava carente de alimento, e o Diabo o instigou a transformar pedra em pão. Embora Cristo tivesse o poder para fazer isso — e podemos pensar que ele pôde até ter desejado fazê-lo —, mesmo com fome escolheu não realizar tal ação. Essa atitude nos ensina que, apesar de enfrentarmos momentos de carência, não devemos permitir que ela nos domine.

Desse modo, é imprescindível compreender que Satanás sempre irá tentar você nas suas fraquezas, faltas e necessidades. Jesus, por outro lado, nos ensina que, para vencer a tentação, precisamos fortalecer o espírito. Para isso, **a prática que nos capacitará a superar os desafios da carência será o jejum.** É por meio dessa disciplina que seremos capazes de negar as vontades da carne. Aprendendo a abdicar de certos desejos e utilizando o período de privação, desenvolveremos uma busca mais intensa pela presença do Pai por meio da oração e leitura bíblica. Dessa forma, estaremos espiritualmente mais sensíveis aos ataques do Inimigo e saberemos como combatê-los através do poder do Espírito Santo.

Nem todo período de carência precisa levar ao mesmo desfecho que a Laís teve. Pelo contrário, assim como na vida de Jesus, nossas carências podem se tornar uma excelente oportunidade de vivermos experiências de intimidade com o Senhor. E foi exatamente isso que busquei pôr em prática durante meu processo de espera, quando também tive algumas carências afetivas.

Lembro-me especialmente dos sábados à noite, quando minhas amigas geralmente saíam com o namorado ou o marido, e eu ficava em casa. Eu sentia falta de ter alguém para amar e me sentir amada, para sonhar junto e construir coisas em comum. Por várias vezes me senti sozinha nesses longos anos, mas, em cada um desses momentos, decidi fazer algo muito importante: **trocar a solidão pela solitude com Deus.**

Existe uma distinção entre essas duas condições. A solidão é o estado de quem se sente só e pode estar associada a um sentimento de vazio interior ou a uma sensação de que alguma coisa nos falta. Em contrapartida, a solitude é saber estar só, em paz e satisfeita com a própria companhia, de forma voluntária, para encontrar realização interior.

Contudo, nas ocasiões em que não decidi estar sozinha, e ainda permaneci desse modo, sempre me recordei das palavras do apóstolo Paulo, quando ele escreveu:

> Não estou dizendo isso porque esteja necessitado, pois **aprendi a adaptar-me a toda e qualquer circunstância.** Sei o que é passar necessidade e sei o que é ter fartura. **Aprendi o segredo de viver contente em toda e qualquer situação**, seja bem alimentado, seja com fome, tendo muito, ou passando necessidade. **Tudo posso naquele que me fortalece.** (Filipenses 4.11-13 – grifos nossos)

Essa passagem me impacta bastante, principalmente pela menção de uma palavra: **aprendi.** Considerando o contexto, percebemos que essa aprendizagem não foi algo natural, e provavelmente não foi fácil, mas o apóstolo Paulo aprendeu. Essas palavras sempre me encorajaram e, de maneira semelhante a ele, também aprendi a estar contente quando me sentia carente, estando em solitude e em comunhão com Deus.

Portanto, quando me encontrava solitária, eu entrava no meu quarto, fechava a porta, sentava-me na cama e conversava com o Pai celestial: "Senhor, hoje estou me sentindo só, mas estou aqui contigo, pois é em ti que espero. Hoje senti falta de ter alguém, de amar e me sentir amada, mas creio que o Senhor está no controle de tudo e sabe o que é melhor para mim. Eu confio em ti".

Nesses momentos de solitude, eu contava a ele sem reservas o que estava sentindo. Por isso, quero que você acredite em mim quando digo que, absolutamente em todas as vezes que fiz isso, Deus não me deixou sem respostas. Em cada uma dessas orações, ele encontrou um jeito de me dar um abraço. Às vezes, era por meio de uma mensagem de alguma amiga que, de repente, me convidava para sair ou uma ligação que eu recebia de alguém.

Ainda guardo uma lembrança marcante do cuidado divino nesses momentos. Certo dia, assim que terminei de orar, minha mãe entrou no meu quarto e me envolveu em um abraço, dizendo: "Minha filha, estava ali na cozinha e senti vontade de vir aqui abraçar você". Naquele instante, percebi que era o abraço do próprio Deus.

Não consigo descrever como essas experiências foram especiais para mim. Senti de compartilhar essas lindas memórias para que você também creia que ele se importa com cada detalhe da sua vida.

Sempre apreciei a ideia de saber que existe um homem que me ama incondicionalmente como sou, apesar dos meus defeitos, e de que não há nada que eu possa fazer para diminuir esse amor. Ele me ama tanto, que entregou a sua vida por mim como uma prova incontestável dessa afeição. Esse homem é Jesus. E ele também a ama com a mesma intensidade.

Infelizmente, muitas mulheres ainda não compreenderam essa verdade e fracassam quando buscam suprir suas carências em homens imperfeitos, que jamais poderão preenchê-las, mesmo que queiram. Elas falham quando não recebem o amor de Cristo e quando não o abraçam.

Permita-me perguntar: honestamente, você acha que Jesus morreu na cruz para vivermos uma vida medíocre? Acredita que ele se entregou por amor para que vivêssemos mendigando e recebendo migalhas de carinho e afeto? Porque eu não creio nisso.

Uma vez, um pastor, a quem tenho muita admiração, durante uma de suas pregações, disse algo que me marcou profundamente: "Eu não tenho o direito de me decepcionar com ninguém. Se me decepcionei, foi porque dei a essa pessoa a glória que deveria ter dado a Jesus, que nunca me desapontou".

Portanto, se o nosso alvo é Jesus, as pessoas podem nos entristecer, mas não nos decepcionar ou desiludir. Por essa razão, oro para que, a partir de hoje, você deixe de depender de homens e comece a depender de Deus; que abandone a sua busca por amor, afeto, aprovação e validação nas outras pessoas e encontre essas necessidades emocionais supridas nele. Não demore para correr rumo aos braços do Pai, pois ele a aguarda no lugar secreto.

Nesse cenário de inúmeras demandas emocionais, compreendo que é essencial nos refugiarmos em Deus de tal maneira que, quando um homem nos procurar, ele terá de se encontrar primeiramente com o Senhor.

Você consegue perceber como isso é maravilhoso? O Pai celestial será o seu esconderijo e a protegerá em qualquer ocasião.

É por isso que você me encontrará afirmando em todos os capítulos deste livro: **se é em Deus que você espera, então é para Deus que você precisa correr quando não souber o que fazer ou para onde ir.**

Proponho para você agora algumas perguntas que irão levá-la à reflexão acerca da dependência emocional. Elas não são um teste psicológico, no entanto podem revelar sinais de que você precisa de ajuda.

1. Você sente que sua felicidade e bem-estar dependem principalmente do apoio emocional de outra pessoa?
   Sempre ( )   Nunca ( )   Às vezes ( )

2. Você vive em função dos sonhos e objetivos alheios?
   Sempre ( )   Nunca ( )   Às vezes ( )

3. Possui ciúme excessivo e tendência de comandar, controlar e até manipular as pessoas?
   Sempre ( )   Nunca ( )   Às vezes ( )

4. Em geral, você não desenvolve metas pessoais e apresenta dificuldade de traçar seus próprios planos?
   Sempre ( )   Nunca ( )   As vezes ( )

5. Você teme a solidão, a rejeição e o abandono, o que a leva a permanecer em relacionamentos desagradáveis?
   Sempre ( )   Nunca ( )   Às vezes ( )

6. Quando uma pessoa a quem você se apegou não está disponível, você se sente abatida emocionalmente?
   Sempre ( )   Nunca ( )   Às vezes ( )

7. Você se sente desconfortável ou ansiosa quando precisa passar algum tempo longe dessa pessoa?
   Sempre ( )   Nunca ( )   As vezes ( )

8. Com que frequência você se anula ou sacrifica suas próprias necessidades e desejos para agradar a essa pessoa?
   Sempre ( )   Nunca ( )   Às vezes ( )

9. Quando ocorrem conflitos ou desentendimentos com essa pessoa, você sente que o "mundo acabou"?
   Sempre ( )   Nunca ( )   Às vezes ( )

10. Você considera que suas próprias conquistas ou realizações têm menos significado se não forem reconhecidas ou apreciadas por essa pessoa?
    Sempre ( )   Nunca ( )   Às vezes ( )

11. Suas necessidades e sonhos ficam em segundo plano, porque busca sempre suprir primeiramente as demandas alheias?
    Sempre ( )   Nunca ( )   Às vezes ( )

Se você respondeu **sempre** para cinco ou mais das perguntas expostas, é hora de buscar ajuda com um psicólogo, pastor ou conselheiro, a fim de entender o processo emocional pelo qual está passando.

CAPÍTULO 3
Pressão

"ASSIM COMO O DIAMANTE É FORMADO SOB PRESSÃO EXTREMA, AS DIFICULDADES QUE ENFRENTAMOS CRIAM JOIAS PRECIOSAS EM NOSSA HISTÓRIA."

— THAYSE PORTELA

Todas as solteiras lidam com a pressão em diversos momentos ao longo da vida. Como uma mulher que passou um extenso período de espera, sei exatamente o que é sentir a expectativa imposta pela sociedade de encontrar um parceiro e se casar rapidamente ou no tempo que os outros julgam apropriado. No entanto, toda essa tensão pode nos levar a comprometer nossos valores e desconsiderar o que realmente buscamos em um relacionamento sólido e com propósitos duradouros.

Para analisar o funcionamento dessa pressão social, apresentarei uma ilustração que me inspira muito. A uma profundidade de 150 a 200 quilômetros abaixo da superfície da Terra, em condições extremas de pressão e temperaturas que podem ultrapassar 1.500 °C, o diamante é formado como resultado de um fenômeno natural, e sua jornada até a superfície ocorre por meio de erupções vulcânicas.

De fato, essa pedra preciosa surge da combinação de dois elementos cruciais: pressão intensa e temperaturas altíssimas. É fascinante observar como algo tão valioso é forjado a partir de um fenômeno tão adverso, não é verdade?

Para mim, é encantador examinar o processo pelo qual um diamante passa, pois encontro similaridades surpreendentes com as diferentes fases da vida, quando nos deparamos com pressões intensas. É por isso que, neste capítulo, decidi explorar como você pode enfrentar a pressão social durante o período em que ainda estiver solteira.

Enfrentando a pressão social

Da mesma maneira que acontece com o diamante, o processo de espera pode nos moldar e transformar em mulheres fortes e resilientes, uma vez que, enquanto aguardamos, somos constantemente submetidas a situações que nos levam ao estresse emocional.

Normalmente, essa pressão vem de todos os lados, de onde esperamos ou não; das pessoas que amamos, de conhecidos ou até mesmo de estranhos. Somos pressionadas, muitas vezes, pela sociedade, pela igreja, pelos familiares e por amigos, ouvindo frases como: "E aí, quando você vai se casar?", "Suas primas já estão todas casadas, e você até agora nada...", "Não acha que está escolhendo demais?", "Será que você tem algum problema?", "Seu 'ex' já está namorando, e você ainda não", "Encontre logo alguém, porque eu não aceito uma solteirona dentro de casa!".

Certamente, você já deve ter ouvido pelo menos uma dessas frases durante sua jornada de espera. E para dificultar ainda mais: quanto mais próxima e querida for a pessoa que proferiu essas palavras, maior terá sido o peso que elas exerceram sobre você.

O apóstolo Paulo já nos advertiu sobre isso e nos encorajou a prosseguir, ao dizer:

> De todos os lados somos pressionados, mas não desanimados; ficamos perplexos, mas não desesperados; somos perseguidos, mas não abandonados; abatidos, mas não destruídos. Trazemos sempre em nosso corpo o morrer de Jesus, para que a vida de Jesus também seja revelada em nosso corpo. (2 Coríntios 4.8-10)

Portanto, para suportar esse processo com leveza, precisamos estabelecer uma profunda conexão com Cristo, a fim de que a vida dele se manifeste em nós e não nos sintamos desesperadas, abatidas e destruídas.

Como ser humano, Jesus enfrentou pressões vindas de diferentes pessoas e por razões diversas. O evangelho de João narra que o nosso Senhor experimentou tensões, no início de seu ministério, quando os próprios irmãos sugeriram que ele tomasse determinadas atitudes. Vejamos:

> Depois disso Jesus percorreu a Galileia, mantendo-se deliberadamente longe da Judeia, porque ali os judeus procuravam tirar-lhe a vida. Mas, ao se aproximar a festa judaica dos tabernáculos, os irmãos de Jesus lhe disseram: "Você deve sair daqui e ir para a Judeia, para que os seus discípulos possam ver as obras que você faz. Ninguém que deseja ser reconhecido publicamente age em segredo. Visto que você está fazendo estas coisas, mostre-se ao mundo". Pois nem os seus irmãos criam nele. (João 7.1-5)

Ao examinar esse relato, podemos extrair excelentes ensinamentos de como Jesus lidou com as expectativas que lhe foram impostas. Conforme observamos, seus irmãos recomendaram que ele fosse da Galileia à Judeia por causa da festa das cabanas, conhecida também como festa dos tabernáculos. É interessante notar que eles não apenas sugeriram, mas afirmaram os motivos pelos quais desejavam que Jesus fosse à Judeia: a fim de que outros pudessem testemunhar os milagres de Cristo. Desse modo, eles o impeliram a agir como julgaram mais adequado para a ocasião. Porém, uma observação intrigante surge no versículo cinco: "Pois nem os seus irmãos criam nele", revelando que nem mesmo a sua família possuía fé em Jesus.

Quantas vezes nos deparamos com circunstâncias semelhantes em que até mesmo as pessoas que amamos, infelizmente se sentem no direito de presumir o que é melhor para nós? Embora nem sempre elas saibam o que é mais sensato para si mesmas, não tenham fé em nós nem no plano de Deus para nossa vida, imaginam ter esse direito.

Certa vez, o ímpeto de um parente me levou a uma situação muito embaraçosa. Durante um almoço de domingo em família, quando eu tinha mais ou menos vinte e cinco anos, um de meus primos, rindo, proferiu uma das frases mais difíceis que já ouvi na vida: "Acho que a Thayse é lésbica, porque, se até hoje ela não namorou, não foi por falta de oportunidade. Então, acredito que ela não goste de homem".

Naquele instante, fiquei desconcertada e muito triste ao perceber que alguém do meu próprio sangue, que deveria me defender e proteger, não teve a sensibilidade de entender a razão da minha espera. Embora tenha ficado extremamente chateada, decidi não permitir que aquilo abalasse a minha confiança em Deus e consegui superar.

Contudo, não tive o mesmo equilíbrio emocional em outra circunstância. Eu tinha vinte e oito anos e estava liderando um grupo de jovens na minha igreja local, quando um casal de amigos sugeriu na época que eu me relacionasse com um rapaz da nossa comunidade. Apesar de não ter nada contra ele, achava que não tínhamos afinidade suficiente, e eles pareceram entender minha posição concordar comigo.

> **Você já passou, ou passa, por pressão de familiares ou amigos pelo fato de ainda estar solteira? Como reagiu?**
>
> Fiquei decepcionada e me afastei. (   )
>
> Não me incomodou, porque tenho essa questão bem resolvida. (   )
>
> Senti-me triste por um tempo, mas aprendi a conviver com as pressões. (   )

Alguns dias depois, entretanto, descobri que eles estavam comentando, em uma roda de amigos, que eu acabaria sozinha por escolher demais e ter rejeitado uma pessoa maravilhosa. Quando eu soube disso, essas palavras atingiram meu coração como uma faca e rasgaram minha alma, especialmente porque eu me sentia emocionalmente exausta e também os tinha como melhores amigos.

Embora muitas pessoas pudessem pensar e dizer coisas parecidas a meu respeito, eu não conseguia acreditar que amigos com quem eu havia compartilhado meu coração e que conheciam de perto a minha trajetória tinham agido dessa forma. Fiquei chocada e profundamente triste. No entanto, naquele momento de fragilidade, minha mãe viu minhas lágrimas, consolou-me e me lembrou de quem eu era em Deus. Ela me sacudiu gentilmente e orou comigo, oferecendo alívio. Pela graça de Deus, tive a bênção de sempre contar com o suporte incondicional dos meus pais, que constantemente me apoiavam e nunca colocavam pressão para eu me casar ou entrar em um relacionamento amoroso. Sou muito grata a eles por isso e sei que nem todos têm esse mesmo privilégio.

> A PRESSÃO REVELA QUE QUEM ESTÁ PERTO DE NÓS NEM SEMPRE TORCE POR NÓS.

Essa experiência me levou a uma importante reflexão: nem sempre as pessoas que estão próximas de nós, mesmo aquelas que consideramos "os melhores amigos", serão capazes de liberar palavras de encorajamento e inspiração. Mesmo que aparentem desejar nosso sucesso, vemos que, no momento da pressão, nem sempre os que estão por perto torcem de fato por nós. Essa constatação me levou a buscar uma perspectiva mais madura e confiar nas palavras de vida e ânimo provenientes de fontes genuinamente divinas e edificantes. E isso nos conduz ao tema que pretendo aprofundar agora: a identidade em Deus.

A importância de conhecer a sua identidade em Deus

Conhecer quem somos em Deus genuinamente é uma das descobertas mais transformadoras que podemos fazer em nossa jornada. No entanto, assim como Jesus, também somos desafiadas por influências externas que tentam nos desviar dessa verdade profunda.

Ao retomarmos a narrativa em que Cristo foi pressionado por seus irmãos, percebemos que, apesar da tensão e dos anseios impostos, o Senhor nos ensina uma valiosa lição. Analisemos:

> Então Jesus lhes disse: "Para mim ainda não chegou o tempo certo; para vocês qualquer tempo é certo. O mundo não pode odiá-los, mas a mim odeia porque dou testemunho de que o que ele faz é mau. Vão vocês à festa; eu ainda não subirei a esta festa, porque para mim ainda não chegou o tempo apropriado". Tendo dito isso, permaneceu na Galileia. (João 7.6-9)

Esse trecho nos revela que Jesus não cedia a suposições e acusações alheias nem se deixava influenciar pela opinião dos outros. Ele tinha plena consciência de que ainda não era o momento oportuno de partir e de que a sua hora não havia chegado. Por isso, recusou-se a atender ao pedido dos irmãos; ele tinha total entendimento de quem era, o que estava fazendo, qual a razão de suas ações e para onde se dirigia.

A falta de compreensão da nossa identidade em Deus e de discernimento ao longo do período de espera, bem como o desconhecimento do nosso propósito na vida são, de fato, alguns dos principais motivos para cedermos às pressões externas. Quando não temos esse conhecimento sobre nós mesmas, acabamos sucumbindo a essas influências, na esperança de agradar aos outros.

A frase "Para quem não sabe aonde vai, qualquer caminho serve"[1], extraída do diálogo entre o Gato de Cheshire e Alice, no livro **Aventuras de Alice no País das Maravilhas**, resume muito bem essa situação, pois traz uma importante reflexão sobre a necessidade

---

[1]   CARROLL, Lewis. **Alice**: aventuras de Alice no País das Maravilhas; Através do Espelho. Edição definitiva comentada e ilustrada. Tradução: Maria Luiza X. de A. Borges. Rio de Janeiro: Zahar, 2013. cap 6. (Coleção Clássicos Zahar).

de termos clareza sobre os nossos objetivos e direcionamentos na vida. Quando não temos uma visão definida do nosso propósito, qualquer caminho pode parecer aceitável, o
que, por sua vez, leva-nos a escolhas sem significado e sem rumo.

Ao considerar o testemunho de espera inspirador do meu marido, Samuel, percebo que a convicção em nossa identidade em Deus nos capacita a resistir às demandas exteriores. Ele conta que, quando as pessoas o pressionavam muito para namorar ou o questionavam sobre quando se casaria, ele sempre respondia com convicção: "Quando vocês virem o que Deus vai me dar, entenderão por que eu esperei tanto".

Isso só demonstra o profundo conhecimento que o Samuel tinha da própria identidade como filho de Deus. Ele estava plenamente convicto do propósito de sua espera no Pai, afinal já havia experimentado as frustrações resultantes de suas escolhas. Além disso, ele compreendia que, no tempo determinado pelo Senhor, seria agraciado com uma esposa que estivesse alinhada ao desígnio divino para a sua vida. Logo, da mesma maneira como ele aguardava confiantemente o que Deus lhe tinha reservado, podemos encontrar força e propósito em meio às expectativas e indagações alheias.

Cara leitora, posso assegurar que nada se compara a viver os sonhos do Senhor para nós. Enquanto escrevo este livro, temos um ano e seis meses de casados, e o que mais escutamos de amigos e pessoas próximas alegra muito meu coração: "Não poderia ter sido outra mulher, tinha que ser a Thayse". Pessoas bem próximas a mim também falam a mesma coisa: "Não poderia ser outro homem, tinha que ser o Samuel". Somente Deus seria capaz de realizar algo assim, e, se nós tivéssemos cedido às pressões, certamente não estaríamos juntos hoje.

Ademais, a pressão que sentimos se intensifica quando damos ouvidos aos comentários daqueles com quem convivemos, o que, por sua vez, leva-nos a uma urgência interna e à sobrecarga emocional. Consequentemente, permitimos que pensamentos como "você tem que" ecoem, de forma repetida, em nossa mente desde o momento em que acordamos até a hora de dormir. Essas ideias geram um sentimento de angústia, alimentado pela sensação de que o tempo passa, mas nada acontece conosco, apenas com os demais.

Por essa razão, gostaria de reforçar alguns fatos importantes: sua identidade não é definida pelo que as pessoas pensam de você, nem determinada pelo que elas dizem a seu respeito; muito menos limitada pela percepção que você tem de si mesma. Você é quem Deus diz que é — uma filha amada, destinada a viver os planos dele, repletos de paz, não de mal.

Então, minha amiga, não se desespere, confie nos projetos do Senhor para a sua vida. Eu sei que nós não podemos controlar o que as pessoas falam e pensam sobre nós, mas podemos conter nossa reação diante do que é dito. Quando alguém tenta nos pressionar a tomar decisões quanto à nossa vida sentimental — ou quaisquer outras áreas —, isso revela mais a respeito dela do que sobre nós mesmas. Contudo, quando somos pressionadas pelo que dizem a nosso respeito, é nossa responsabilidade permitir que isso nos afete ou não, e analisar como será nossa resposta a essa pressão.

Portanto, é essencial termos uma percepção profunda de quem somos em Deus, sabermos por que estamos esperando nele, depositarmos nossa confiança no Senhor e considerarmos aonde pretendemos chegar. Essa consciência nos fortalece diante das pressões e nos permite resistir às influências negativas, mantendo-nos fiéis ao caminho que o Senhor traçou para nós. Ao conhecermos nossa identidade em Cristo e alinharmos nossas decisões com a sua vontade, somos capazes de enfrentar os desafios mais espinhosos com confiança e discernimento, buscando uma vida plena e significativa, independentemente das expectativas externas. Logo, compreender quem somos em Deus é um passo fundamental para nos libertarmos das amarras da busca incessante pela aprovação dos outros.

De uma vez por todas, precisamos abandonar o hábito de buscar constantemente agradar aos demais e atender aos seus anseios em relação a nós. Diante disso, explorarei ainda mais o caminho da leveza na espera, elucidando como podemos nos desprender das limitações impostas pela opinião alheia e viver de acordo com a vontade de Deus para nós.

Libertando-se da opinião alheia

Quando se trata de seguir nosso próprio caminho, vivendo de acordo com os valores do Reino, o julgamento das pessoas pode se tornar uma barreira significativa. Por isso, quero compartilhar uma história que me fez meditar sobre a importância de nos desapegarmos dos palpites e encontrarmos a nossa própria autenticidade.

Aos vinte e sete anos, quando ainda era solteira e estava esperando em Deus, um amigo me convidou para almoçar com uma pastora de certa relevância em nosso país. Por volta das 10 horas da manhã, ele me perguntou se eu poderia acompanhá-lo. Como a refeição seria às 12h30, tive pouco tempo para ponderar e acabei aceitando por imaginar que seria um almoço apenas entre nós três.

Todavia, para a minha surpresa, ao chegar no restaurante, deparei-me com um salão enorme, onde estavam os principais pastores e líderes de Brasília, acompanhados por suas esposas. Aquele evento não se tratava apenas de um almoço, mas de uma reunião. Naquele instante, entendi por que meu amigo tinha me convidado e fiquei bastante incomodada. Ao cumprimentar os pastores presentes, ele simplesmente me apresentava pelo meu nome, sem dizer que eu era somente sua amiga. Por essa razão, fiquei perturbada com a possibilidade de os demais pensarem que eu era sua namorada ou até mesmo sua esposa, pois, na ocasião, eu ainda me preocupava demais com o que os outros pensavam a meu respeito.

Assim, em determinado momento, algumas pastoras conhecidas me chamaram para sentar-me à mesa delas. Com curiosidade, perguntaram-me: "Você está namorando ele?". Rapidamente respondi: "Não, não; somos apenas amigos".

Em seguida, trocaram olhares sugestivos, com a expressão típica de amigas da escola, soltando um sonoro "Hum...", como se houvesse algo entre mim e o rapaz. Logo depois disso, ao terminar de almoçar, disse ao meu amigo que queria ir embora, alegando ter questões a resolver. Prontamente ele se levantou e partimos. Graças a Deus, cada um estava com seu próprio carro, pois eu não suportaria a ideia de alguém nos ver saindo juntos no mesmo veículo, o que poderia confirmar a falsa ideia de que estaríamos envolvidos em um relacionamento amoroso.

A lembrança desse episódio permanece viva em minha mente como se tivesse acontecido ontem. Eu ainda consigo me recordar do arrependimento forte que senti, durante todo o percurso do restaurante até o meu trabalho, por ter aceitado o convite e passar por aquela situação sem necessidade alguma. Muitas vezes perguntei a mim mesma: "Por que meu amigo não me avisou que seria um almoço com tanta gente? Por que ele não disse que eu era sua amiga enquanto me apresentava para as pessoas? Por que aceitei esse convite?".

Não sei se você já passou por algo constrangedor assim, mas obviamente naquele dia, ficou evidente que eu não conseguiria me concentrar no trabalho, ruminando o que havia acontecido. Depois de um tempo, uma voz soou aos meus ouvidos, questionando: "O que você fez de errado?". Como num choque, levei um susto e, em seguida, falei em voz alta: "O que eu fiz de errado?". Assim, um sorriso brotou em meus lábios, meus ombros relaxaram, meu coração se acalmou e, em um diálogo interno, comecei a me dar as respostas: "Você não fez nada de errado. Apenas aceitou o convite do seu amigo, que é solteiro, não tem esposa nem namorada, para um almoço com várias pessoas. Você não disse nada impróprio e não agiu de forma que ferisse seus princípios. Para todos os efeitos, seu amigo não afirmou a ninguém que você era namorada ou esposa dele — embora, alguns meses depois, ele tenha aberto o coração e se declarado. Você está preocupada demais com o que os outros dizem e pensam sobre você".

Ufa! Naquele exato momento, uma chave virou dentro de mim. Senti como se o próprio Espírito Santo estivesse me disciplinando e ensinando a sair daquele estágio de opressão com preocupações e pensamentos tão nocivos.

Então, como sempre gostei de escrever, após ter chegado a casa, antes de dormir, senti o ímpeto de registrar a decisão que tinha tomado naquela tarde, redigindo uma carta para mim mesma. Foi um momento muito significativo, por isso decidi compartilhar aqui o que escrevi.

SOBRE MIM...

Descobri que quero me importar menos com o que os outros irão pensar de mim quando eu não estiver fazendo nada de errado. O fato de estar em posição de destaque (filha de pastor, líder de jovens, etc.) sempre me privou de fazer muitas coisas, muitas delas até irrelevantes. Coisas que ninguém me proibia de fazer, mas a responsabilidade, por si só, me segurava (e continua me segurando até hoje). Por um lado, isso foi positivo, pois me poupou de algumas tristezas e experiências ruins, mas tenho refletido que, por outro, anulei o que eu realmente sentia em detrimento do que as pessoas esperavam ou pensavam de mim com o objetivo de não frustrá-las. Neste momento, não consigo mensurar o que ou quanto roubei de mim mesma e acho até que não foi tanto assim, porque, no fundo, a minha intenção sempre foi boa. Não sinto arrependimento por não ter vivido determinadas coisas, mas o fato

> é que decidi me considerar mais: ser mais flexível, mais maleável e menos rígida comigo mesma. Embora as funções que eu exerça, os títulos que possuo e a pessoa que decidi ser me cobrem mais do que o que se considera normal (de fato, devo ter um comportamento adequado, pois a quem muito é dado, muito é cobrado), DECIDI QUE NÃO PRECISO ME ROUBAR MAIS.
>
> Thayse Portela, 18 de abril de 2018, às 23h49.

Depois de escrever essa carta, desfrutei de uma sensação de tranquilidade e, pouco a pouco, consegui diminuir a autoexigência. Isso me permitiu seguir adiante no processo de espera em Deus, sem a preocupação de buscar atender às expectativas dos outros.

Desse modo, considero importante que você também compreenda como se desvencilhar das armadilhas que lhe são impostas. A seguir analisaremos juntas algumas estratégias práticas e eficazes para enfrentá-las, permitindo que sua vida seja mais autêntica, leve e plena. Acompanhe-me nesta jornada.

Como se livrar da pressão?

Assim como eu, você já deve ter constatado que as pressões externas têm o poder de roubar a nossa alegria, porque nos anulamos ao agirmos apenas para satisfazer os anseios dos demais. Portanto, é fundamental que fujamos dessa armadilha.

Para auxiliá-la nisso, quero compartilhar alguns conselhos práticos que foram extremamente relevantes para eu lidar com a pressão durante o meu período da espera:

1. *Direcione o foco em agradar o coração de Deus*

Primeiramente, em vez de me importar com a opinião alheia, passei a direcionar meu foco em agradar a Deus e conhecer o que ele verdadeiramente pensa a meu respeito.

Como já mencionei nos capítulos anteriores: se declaramos que estamos esperando em Deus, então é em torno dele que toda a nossa espera deve acontecer. Desse modo, é essencial que avaliemos constantemente o nosso interior, a fim de percebermos as reais motivações e intenções que nos guiam, para que, no final do caminho, não enganemos a nós mesmas.

Querida leitora, posso garantir que comprometer-se em agradar o coração de Deus e procurar saber

O LUGAR PARA ONDE VOCÊ VAI NO MEIO DA CRISE REVELA DE QUE FONTE VOCÊ BEBE.

o que ele pensa e espera de você, em vez de buscar satisfazer as expectativas das pessoas, trará um alívio surpreendente à sua espera, tornando esse processo muito mais leve, acredite.

Essa postura lhe proporcionará mais suavidade para o seu dia a dia, pois você sentirá como se um peso estivesse sendo retirado dos seus ombros ao entender que Deus conhece a razão de todas as coisas e os desígnios por trás de cada situação. Para tanto, é imprescindível compreender o próximo passo.

2. *Reconheça que Deus usa a pressão como ferramenta de crescimento pessoal*

Admitir que o Senhor usa a pressão como ferramenta para promover crescimento pessoal irá ajudá-la a aceitar melhor o processo de espera. Quanto mais você conseguir resistir à pressão, mais ele fortalecerá sua identidade e o seu propósito nele, aprimorando sua perseverança e força. Então, à medida que você se fortifica espiritualmente, maior autoridade e discernimento terá.

Como tentei demonstrar pelas experiências que partilhei, a pressão exerce um poder transformador ao tratar o nosso ego e nos fazer questionar certos pontos. Por exemplo, você já se perguntou por que se incomoda tanto com os comentários das pessoas?

Existe realmente algo de errado em estar solteira neste momento? Por que isso a incomoda tanto? Por que essas palavras a ferem de alguma forma? Essas reflexões nos ajudam a compreender o impacto da pressão em nós e nos incentivam a buscar uma liberdade verdadeira.

Isso significa que a pressão desempenha um papel primordial ao revelar quem somos, pois pode extrair o melhor de nós. Uma analogia que ilustra bastante essa questão é a produção dos vinhos. Como sabemos, eles são o resultado de um meticuloso processo de esmagamento das uvas, no qual elas são submetidas a uma intensa pressão, a fim de ser extraído o seu saboroso suco. Essa imagem nos remete à clássica representação de uvas sendo pisadas, um ritual cujo objetivo é separar o líquido nobre da casca e demais impurezas. Assim como o hábil vinicultor, Deus está usando esse tempo de pressão para extrair de você a sua melhor versão, cuidadosamente removendo as camadas externas e revelando a sua verdadeira essência. Isso não é maravilhoso? Vejamos o terceiro passo.

3. Não se compare com os outros

Enquanto espera, é crucial que você evite comparações. A tendência de se cobrar pode ser consequência do mau hábito de sempre se equiparar a outras pessoas.

Não se baseie nas conquistas dos demais, pois, ao fazer isso, você se forçará a atingir metas que não são necessariamente suas ou que não estão alinhadas ao seu propósito divino. Além disso, vale lembrar que o sucesso alcançado por outras pessoas não significa, de forma alguma, que você tenha fracassado caso não tenha atingido o mesmo resultado. Cada caminho é único, e o seu valor se encontra na jornada que está trilhando, guiada pela sua essência e pelo plano de Deus para você.

4. Valorize o tempo de solitude

Como já mencionei, a Bíblia nos garante que existe um tempo determinado para todo propósito debaixo do céu. Vejamos:

> Para tudo há uma ocasião; e um tempo para cada propósito debaixo do céu: tempo de nascer e tempo de morrer, tempo de plantar e tempo de arrancar o que se plantou, tempo de matar e tempo de curar, tempo de derrubar e tempo de construir, tempo de chorar e tempo de rir, tempo de prantear e tempo de dançar, tempo de espalhar pedras e tempo de ajuntá-las, tempo de abraçar e tempo de se conter, tempo de procurar e tempo de desistir, tempo de guardar e tempo de lançar fora, tempo de rasgar e tempo de costurar, tempo de calar e tempo de falar, tempo de amar e tempo de odiar, tempo de lutar e tempo de viver em paz. (Eclesiastes 3.1-8)

Portanto, ao meditar nessa passagem, podemos entender que existe um tempo para estar solteira, para estar consigo mesma em solitude, e um tempo para se casar e ser esposa, se este for seu caso. Assim, viva, aprecie e valorize sua própria temporada, o processo e a espera, submetendo-os nas mãos de Deus, não nas mãos de pessoas. Liberte-se da necessidade de provar algo para alguém e da busca por aprovação. Em vez disso, apegue-se ao lindo propósito planejado pelo Senhor e comprometa-se a agradá-lo, enquanto ele trabalha em você e por você. Lembre-se das palavras do salmista Davi: "Deleite-se no SENHOR, e ele atenderá aos desejos do seu coração" (Salmos 37.4).

Esse lindo versículo de Salmos, na versão Nova Bíblia Viva (NBV), diz: "Faça do Senhor a sua grande alegria, e ele dará a você os desejos do seu coração". Isso quer dizer que depositar a alegria e a confiança em Deus nos permite viver plenamente e em harmonia com seus planos para nós.

Cara leitora, Deus deve ser a nossa prioridade e, quando o colocamos no centro da nossa existência, todas as coisas gradualmente caminham, alinham-se e se encaixam nos devidos lugares. Portanto, tenha sempre em mente as motivações do propósito pelo qual você está esperando em Deus, lembrando-se que a pressão não o altera; no entanto, se você ceder a ela, poderá se desviar do caminho estabelecido. Por isso, posicione-se! Aprenda a dizer não, assim como Jesus fez com seus irmãos.

Nesse sentido, procure transformar a pressão em motivação. Suporte o processo, pois ele a amadurecerá e a aperfeiçoará. É preferível ser pressionada estando no centro da vontade de Deus, do que estar aprisionada pelas correntes de imposição infligidas por outras pessoas.

* * *

Iniciei este capítulo abordando de forma intencional como um diamante é forjado, porque acredito sinceramente que você possui semelhanças com essa joia: rara, valiosa e resiliente. Assim como um diamante, a pressão apenas realça ainda mais seu valor intrínseco.

O diamante é a substância mais resistente encontrada no planeta Terra e só pode ser arranhado por outro diamante. É a pedra preciosa de maior renome e brilho e por muitos considerada uma joia eterna, possuindo ainda a peculiaridade de ser um excelente condutor natural de eletricidade; não é à toa que a palavra "diamante", derivada do vocábulo *adámas*, em grego, significa indestrutível, invencível, inalterável.

Por isso mesmo, escolhi essa pedra preciosa como símbolo do meu casamento. Tivemos o cuidado de inseri-lo nos convites e em toda a identidade visual do nosso grande dia. Além disso, o matrimônio foi solenizado sobre um tablado confeccionado em formato de diamante, sem contar que também esteve presente nos votos.

Depois de toda a pressão social sofrida, consegui discernir plenamente que cada etapa vivenciada possui um propósito significativo e não ocorre em vão. Compreendi que a pressão é um instrumento nas mãos de Deus para moldar o nosso caráter e desenvolver nossas habilidades. Cada desafio e momento de tensão são uma oportunidade para mostrar nossa determinação e fé inabalável.

Lembre-se de que Deus está no controle e conhece seu caminho. Ao resistir às imposições externas e permanecer firme em sua identidade e propósito, você revelará até que ponto confia nele. Acredite que, quanto mais se mantém resiliente diante das adversidades, mais apta se torna para enfrentar os desafios futuros e exercer autoridade sobre as circunstâncias.

Portanto, mude a forma de enxergar e encarar a pressão. Seja livre e entenda que este é o momento em que Deus está trabalhando e lapidando a sua joia preciosa: você.

CAPÍTULO

Ansiedade

"QUANDO A ANSIEDADE
JÁ ME DOMINAVA
NO ÍNTIMO, O TEU
CONSOLO TROUXE
ALÍVIO À MINHA ALMA."
— SALMOS 94.19

Provavelmente, você já deve ter ouvido que "a ansiedade é o mal do século". É intrigante pensar que esse sentimento esteja presente na vida de tantas pessoas na sociedade atual. Assim como a alegria e a tristeza, por exemplo, a ansiedade é uma resposta emocional que se manifesta por meio de preocupações, nervosismo, inquietação e tensão. Ela pode surgir em situações consideradas ameaçadoras ou estressantes, sendo uma reação produzida pelo corpo para lidar com esses desafios.

Por incrível que pareça, é no cotidiano que se manifesta a ansiedade: no primeiro dia de emprego, antes de enfrentar um teste ou uma prova importante, quando vamos realizar um exame médico ou participar de uma entrevista que pode determinar o futuro profissional, antes de uma viagem, ao se comprometer com projetos desafiadores, ou até mesmo ao ponderar sobre a possibilidade de iniciar um relacionamento.

Com tantas coisas acontecendo simultaneamente, é absolutamente normal sentir-se ansiosa nessas circunstâncias. De fato, em certo nível, essa sensação pode ser vista como benéfica, pois nos mantêm atentas, focadas e motivadas para executar e extrair o melhor ao nosso alcance, tendo como referência o que cada situação proporciona.

No entanto, o problema surge quando a ansiedade começa a se tornar excessiva, ultrapassando os limites da razão e assumindo o controle da nossa vida. Nesse contexto, ela começa a interferir negativamente na nossa rotina e pode evoluir para um nível extremo de transtorno ou para uma condição ainda mais severa. Por isso, é importante tomarmos cuidado com os sinais de uma aflição desmedida e buscarmos formas saudáveis de lidar com ela.

Eu não sei em que fase da sua espera em Deus você se encontra. Talvez nunca tenha tido um relacionamento e anseie que o Senhor lhe apresente alguém segundo o seu coração. Quem sabe já tenha buscado algumas vezes com as próprias forças, motivada pela carência, enfrentado as consequências de escolhas erradas, mas agora decidiu confiar e esperar em Deus para orientar suas decisões e evitar cometer os mesmos erros. Talvez você esteja esperando a restauração de uma pessoa para que haja também a reconciliação do seu casamento. Ou esteja atravessando a viuvez e orando pela reconstrução da sua vida amorosa.

Independentemente da sua condição, eu poderia afirmar que, em algum momento, a ansiedade de certa forma se impôs na sua espera no Senhor. É sobre esse assunto que quero aprofundar neste capítulo, buscando orientá-la a lidar com a ansiedade e fortalecer sua confiança no plano e no tempo divinos.

> **Em qual das situações você se encontra no momento?**
>
> Estou aguardando um homem de Deus com quem poderei me casar e constituir família. ( )
>
> Estou desanimada na área sentimental, por ter me frustrado em meus relacionamentos. ( )
>
> Sou viúva e desejo reconstruir minha vida emocional. ( )

Decidi abordar o desafio da ansiedade depois de tratar sobre a pressão social, porque, se você não conseguir superar o medo da opinião alheia, ele certamente poderá se transformar em ansiedade.

Veja bem, quando você toma a decisão de convidar a Deus para ser o Senhor da sua vida e entrega a ele o comando dos seus sentimentos, está assumindo o compromisso de confiar e esperar nele. Isso implica confiar que os planos dele para você são melhores do que os seus. Essa é a essência de esperar em Deus.

Isso quer dizer, querida leitora, que se esperamos em Deus, confiamos nele. Se confiamos nele, entregamos tudo em suas mãos. Se entregamos tudo a ele, descansamos em seu amor. Então, se esperamos, confiamos, entregamos e descansamos no Senhor, por que ficamos ansiosas?

Diante dessas reflexões, podemos perceber a incoerência da ansiedade. Por isso, é tempo de buscarmos a serenidade que vem da confiança plena no Pai e descansarmos na certeza de que ele nos sustenta em todas as circunstâncias. Para isso, é imprescindível que você tenha consciência de que Deus nos dá a graça de viver cada dia desfrutando das bênçãos reservadas a nós.

Por outro lado, a ansiedade nos rouba essa graça que ele nos concede hoje e nos faz perder de vista a beleza e as oportunidades que deveríamos notar, por estarmos com o foco no lugar errado. Quando nos preocupamos em excesso, desperdiçamos tempo e energia com algo que está além do nosso controle.

VOCÊ JAMAIS DEVERIA SE PREOCUPAR COM O QUE NÃO PODE CONTROLAR.

Portanto, se algo não está no nosso controle, está nas mãos soberanas de Deus. Com o seu cuidado por nós, ele nos faz a seguinte pergunta: "Quem de vocês, por mais que se preocupe, pode acrescentar uma hora que seja à sua vida?" (Mateus 6.27).

Mesmo com a verdade óbvia desse versículo, muitas vezes não enxergamos dessa forma simples, principalmente quando nossa visão é ofuscada pela ansiedade. E é nesse ponto que mora o perigo. Quando não temos uma compreensão clara de Deus e dos seus planos para nós, acabamos aceitando menos do que ele deseja para a nossa vida. Por consequência, tomamos decisões precipitadas, fazemos escolhas equivocadas e nos dirigimos por caminhos errados. Como você já deve saber, se a ansiedade domina o nosso íntimo, somos capazes de fazer coisas das quais podemos nos arrepender profundamente.

Certa vez, eu quase me deixei enganar pela confusão que permeava minha mente. Eu pensava: "Já tenho idade suficiente para me casar. Por que ainda não encontrei alguém?", "Tenho muita vontade de ter um namorado. Trabalho, esforço-me, sirvo na igreja, os anos estão passando, estou pronta para o amor. Por que Deus ainda não fez meu coração despertar?", "Estou aqui sozinha enquanto minhas amigas estão se casando, será que vou esperar por muito mais tempo?". Cada um desses pensamentos carregava consigo uma dose considerável de ansiedade, que inundava a minha alma.

Depois de muitos questionamentos, em determinado dia considerei o seguinte: "Algumas pessoas sugerem que eu não me relaciono com ninguém por ter algum problema ou traumas pessoais. Será que elas têm razão? E se eu tiver mesmo algo? Eu digo que estou esperando em Deus, mas talvez eu tenha questões emocionais que me impedem de iniciar um relacionamento".

Eu me lembro que, naquele dia, essas ideias estavam tão fixadas dentro de mim, que me levaram a tomar uma decisão. Compreendi que era essencial descobrir se havia traumas não tratados no meu interior, pois acreditava que, antes de Deus me conceder alguém segundo sua vontade, ele desejava me curar. Logo, percebi que a recompensa da minha espera estava intrinsecamente ligada à minha cura emocional.

Eu tinha vinte e sete anos quando comecei a seguir essa linha de raciocínio. Então, em um sábado à noite — momento em que a ansiedade costuma ser mais intensa —, mandei uma mensagem a uma amiga que cursava psicologia, solicitando a indicação de uma psicóloga. Sentia urgência em iniciar sessões terapêuticas para resolver o meu suposto trauma. Em seguida, fiz uma oração pedindo que Deus providenciasse a profissional adequada para mim e finalmente adormeci.

No dia seguinte, no domingo pela manhã, iria à igreja. Acordei cedo, arrumei-me e, ao chegar lá, fui surpreendida por um pastor que raramente ficava na porta recepcionando os que chegavam. Ele me cumprimentou com um firme aperto de mãos, fixou seu olhar no meu e pronunciou as seguintes palavras: "Não há nada de errado com você". Naquele instante, fiquei surpresa e arregalei os olhos. "Como ele poderia saber?", pensei. "Ele não sabe de nada". Enfim, ele repetiu: "Não há nada de errado com você". Assim, eu abri um sorriso e disse: "Amém, pastor, estou entendendo o que o senhor está dizendo". Esse pastor não sabia, mas Deus sim, pois ele me conhece profundamente.

Ainda assim, marquei as sessões de terapia com a psicóloga que minha amiga havia me indicado e iniciei o acompanhamento. Depois de alguns encontros, recebi o diagnóstico de que não havia traumas que me impedissem de estar em um relacionamento amoroso, confirmando o que Deus havia me revelado por meio daquele pastor.

Cara leitora, Deus a conhece! Se o que você espera ainda não aconteceu, é porque ele está agindo incansavelmente nos bastidores. Embora não entendamos totalmente as razões pelas quais devamos esperar ou não possamos enxergar o futuro, saiba que o Senhor não apenas tem uma visão clara e abrangente do todo como também está presente em cada etapa do seu processo e do caminho até alcançar aquilo que ele tem preparado para você.

Um exemplo inspirador de alguém que superou circunstâncias extremamente difíceis foi o apóstolo Paulo. Muito provavelmente a ansiedade deve ter cercado o seu coração em algumas ocasiões.

Entretanto, sua fé inabalável, sua perseverança e busca constante pela presença de Deus, o levaram a vencer barreiras e encontrar forças mesmo em meio a situações desesperadoras. Certa vez, ele acabou preso em Roma, e teve de enfrentar incertezas em relação ao seu futuro. Foi justamente nesse período que ele escreveu a carta aos filipenses, transmitindo-lhes palavras de encorajamento. Vejamos uma passagem dessa epístola:

> Alegrem-se sempre no Senhor. Novamente direi: Alegrem-se! Seja a amabilidade de vocês conhecida por todos. Perto está o Senhor. Não andem ansiosos por coisa alguma, mas em tudo, pela oração e súplicas, e com ação de graças, apresentem seus pedidos a Deus. E a paz de Deus, que excede todo o entendimento, guardará o coração e a mente de vocês em Cristo Jesus. Finalmente, irmãos, tudo o que for verdadeiro, tudo o que for nobre, tudo o que for correto, tudo o que for puro, tudo o que for amável, tudo o que for de boa fama, se houver algo de excelente ou digno de louvor, pensem nessas coisas. Ponham em prática tudo o que vocês aprenderam, receberam, ouviram e viram em mim. E o Deus da paz estará com vocês. (Filipenses 4.4-9)

Que lição poderosa, não é mesmo? Apesar de estar fisicamente preso, Paulo não permitiu que suas emoções fossem aprisionadas com o seu corpo. O coração e a mente do apóstolo permaneceram guardados em Deus e ele pôde desfrutar da paz que excede todo o entendimento.

Certamente, Paulo é um dos personagens mais marcantes e inspiradores da Bíblia. Sua vida foi repleta de desafios e adversidades; ele encarou perseguições, prisões e até mesmo naufrágios. No entanto, em meio a todas as tribulações, ele se manteve firme na fé e na confiança em Deus. Não apenas suportou as provações, mas as utilizou como oportunidades para crescer espiritualmente e espalhar a mensagem do Evangelho. Sua história é um poderoso modelo de como a força e o poder de Deus podem transformar homens e mulheres e capacitá-los a superar as circunstâncias mais complicadas.

Creio que Deus deseja proporcionar a você e a mim essa mesma paz. Ainda que seja difícil em alguns momentos, é absolutamente possível experimentar a serenidade enquanto espera, afinal é nele que depositamos nossa esperança. Eu sempre costumo dizer que **em Deus temos tudo o de que precisamos.**

Agora, neste instante, você pode estar se perguntando: "Tudo bem, eu acredito em você. Mas então me diga, como faço para receber e viver essa paz?". A resposta está nas palavras de Paulo, que nos contou esse segredo. É, no mínimo, curioso como o apóstolo fala sobre alegria. Como alguém que estava preso, enfrentando todas as incertezas sobre o futuro, poderia estar alegre? É ainda mais surpreendente quando ele enfatiza "Novamente direi: Alegrem-se!" (Filipenses 4.4b). Isso realmente me faz sorrir.

Kay Warren, em seu livro *Escolha a alegria: porque a felicidade não é suficiente*"[1], relata que a alegria é uma escolha e não depende do nível de tristeza, sofrimento ou dificuldade que você suporta. A alegria não pode ficar refém do medo, da dor, da raiva, da decepção, da tristeza ou do pesar. No final do dia, independentemente das circunstâncias, a dose de alegria que experimentamos é a mesma que escolhemos vivenciar.

Particularmente, considero que Kay traz a melhor definição de alegria que já vi até hoje. Ela afirma que: "a alegria é a firme certeza de que Deus está no controle de todos os detalhes de minha vida, a serena confiança de que, no final, tudo vai dar certo,

---

[1] WARREN, Kay. **Escolha a alegria:** porque a felicidade não é suficiente. 1. ed. São Paulo: Mundo Cristão, 2014.

e a obstinada escolha de louvar a Deus em todas as coisas"[2]. Isso não é incrível?

Corroborando essa perspectiva, Paulo nos ensina que, se a nossa fé cristã não fizer diferença em como respondemos aos problemas com os quais lidamos, então, qual é o seu valor, afinal? Portanto, escolha a alegria. Ela está disponível a você, por meio de Cristo.

Ao retomarmos a leitura do trecho da carta de Paulo, podemos observar que ele nos orienta a combater a ansiedade com algumas atitudes práticas, que são verdadeiros antídotos contra ela — oração, súplica e gratidão: "Não andem ansiosos por coisa alguma, mas em tudo, pela oração e súplicas, e com ação de graças, apresentem seus pedidos a Deus" (Filipenses 4.6).

Você reparou que ele separou **oração de súplica**? Isso porque, por mais que estejam relacionadas, elas são diferentes. Deixe-me explicar. Na oração, estabelecemos uma comunicação direta com Deus, dirigindo-nos a ele e expressando tudo o que temos na alma — é o nosso diálogo íntimo e pessoal com o Senhor. Já a súplica, sendo um tipo específico de oração, representa um apelo fervoroso, um pedido urgente ou uma petição especial, geralmente quando imploramos a Deus por misericórdia, por ajuda ou intervenção em uma situação específica.

Assim, quando estiver ansiosa, você pode conversar com Deus e abrir o coração diante dele. Tenha o Senhor como confidente, alguém em quem você pode confiar plenamente, pois ele é o seu principal aliado e melhor companheiro. Do mesmo modo que o rei Davi, alegre-se na presença do Pai: "Deus é o nosso refúgio e a nossa fortaleza, auxílio sempre presente na adversidade" (Salmos 46.1).

Os salmos são uma fonte preciosa de ensinamentos, não é verdade? Tenho um apreço especial pelas meditações de Davi,

---

[2] Ibid., p. 26.

pois toda vez que as leio, fico admirada em perceber como era um homem segundo o coração de Deus. Assim como você e eu, Davi vivenciou momentos em que se sentiu ansioso, preocupado, angustiado, e até mesmo culpado. Contudo, em todas essas circunstâncias, recorria ao Senhor, buscava refúgio nele e encontrava o socorro de que tanto necessitava.

É maravilhoso saber que temos um Deus que, além de ser o criador de todas as coisas e ter interesse em ouvir os nossos pedidos, convida-nos a encontrar alívio em sua presença, como Jesus disse: "Venham a mim, todos os que estão cansados e sobrecarregados, e eu darei descanso a vocês. Tomem sobre vocês o meu jugo e aprendam de mim, pois sou manso e humilde de coração, e vocês encontrarão descanso para as suas almas" (Mateus 11.28,29).

A única coisa que precisamos fazer é nos aproximarmos de Cristo e recebermos descanso. Você consegue fazer isso? Está disposta a ir ao encontro dele? Não hesite em aceitar o convite que Jesus faz a você agora mesmo.

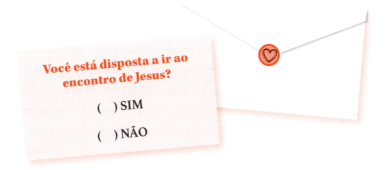

Além de oração e súplica, Paulo nos instrui que o outro poderoso antídoto contra a ansiedade é a gratidão. Dar graças nos ajuda a focar a atenção no que é bom e valorizar as bênçãos que temos. É como a história da mosca e do beija-flor que todos os dias saem em busca de alimento. Enquanto a mosca procura coisas podres, o beija-flor busca e acha flores. Em outras palavras, o que encontramos na vida depende da perspectiva que escolhemos. Ao sermos gratas, encontramos satisfação e contentamento e vencemos a tendência de reclamar. Portanto, concentre-se em agradecer a Deus pelo que já lhe concedeu, em vez de atentar para o que ainda sente falta.

O aprendizado que extraio disso é que, quanto mais agradecemos, mais conscientes ficamos da nossa dependência de Deus e, dessa forma, não esquecemos de tudo o que ele tem feito. Como bem diz a citação atribuída a Antístenes: "a gratidão é a memória do coração".

Ao analisar as Escrituras, não consigo me lembrar de nenhum milagre que tenha florescido no solo da murmuração ou da ingratidão. Um exemplo conhecido que reforça essa verdade é o milagre da multiplicação dos pães e peixes que Jesus realizou:

> Os seus discípulos responderam: "Onde, neste lugar deserto, poderia alguém conseguir pão suficiente para alimentá-los?" "Quantos pães vocês têm?", perguntou Jesus. "Sete", responderam eles. Ele ordenou à multidão que se assentasse no chão. Depois de tomar os sete pães **e dar graças**, partiu-os e os entregou aos seus discípulos, para que os servissem à multidão; e eles o fizeram. Tinham também alguns peixes pequenos; **ele deu graças igualmente por eles** e disse aos discípulos que os distribuíssem. O povo comeu até se fartar. E ajuntaram sete cestos cheios de pedaços que sobraram. (Marcos 8.4-8 - grifos da autora)

A partir dessa narrativa, podemos contemplar o precioso ensinamento de Cristo sobre como a gratidão se torna um excelente terreno para a manifestação de milagres. Depois de tomar os sete pães e alguns peixes que os discípulos tinham em mãos, ele os abençoou e deu graças ao Pai. Em resposta, uma multidão foi alimentada, e a notável fartura resultou em sobras, conforme registra a Bíblia.

Você consegue compreender a relevância de dar graças em tudo? Por essa razão mesmo, eu insisto: seja grata pelo que você tem hoje e pelas experiências — mesmo as mais dolorosas — que a forjaram em uma mulher mais resiliente e capaz. Pode ser que você não considere de muito valor o que tem para oferecer a Jesus agora, mas, quando entregamos com gratidão, o pouco em nossas mãos se torna muito com ele, a ponto de sobrar. Talvez você olhe para si mesma, levando em conta as dificuldades que enfrentou, e não consiga vislumbrar uma família abençoada, um casamento próspero ou um marido excepcional. No entanto, seja grata pelo que tem em suas mãos hoje, entregue tudo aos pés do Senhor e permita que ele realize o milagre, conforme a sua vontade e o seu tempo. Creia que a gratidão é uma semente de fé: o ato de agradecer antes mesmo de ver o milagre é o que pode produzi-lo.

Se analisarmos a postura de Jesus e do apóstolo Paulo, teremos consciência de que ser grato na felicidade é muito simples, mas agradecer na tristeza, quando tudo parece contrário, é uma forma de honrar a Deus. Portanto, a gratidão é o reconhecimento de que o Pai celestial cuida de cada detalhe da sua vida.

Independentemente das estações e circunstâncias, pratique o ato de dar graças até obter um coração verdadeiramente grato. Pense e verbalize palavras de gratidão, pois, caso não expressas, têm a chance de se tornarem ingratidão.

Quando oramos ao Senhor, abrindo o coração e levando nossos pedidos a ele com súplica e gratidão, a Palavra nos garante uma paz que ultrapassa a compreensão humana: "E a paz de Deus, que excede todo o entendimento, guardará o coração e a mente de vocês em Cristo Jesus" (Filipenses 4.7).

Desse modo, o apóstolo Paulo conclui que uma vida de oração, súplica e ação de graças nos levará a ter a paz de Deus que irá guardar o nosso coração e a nossa mente. A respeito desse assunto, o livro de Provérbios também nos advertiu qual deve ser a nossa responsabilidade: "Acima de tudo, guarde o seu coração, pois dele depende toda a sua vida" (Provérbios 4.23).

Isso significa que tudo o que influencia o nosso interior afeta diretamente a nossa vida. Mas como prevenir uma vida contaminada? Conseguimos guardar o coração e a mente quando tomamos cuidado com as portas que dão acesso à nossa alma — os olhos e os ouvidos desempenham um papel crucial nesse sentido, uma vez que essas entradas estão intrinsecamente relacionadas com a ansiedade, que pode nos privar da paz que Deus tem para seus filhos.

Proteja os ouvidos

O sucesso ou fracasso na vida de alguém está intimamente ligado às vozes que ela escolhe ouvir e obedecer. À medida que esperamos em Deus e depositamos nossa confiança nele, devemos tomar cuidado em relação a quem damos ouvidos. Por esse motivo, é importante você considerar: de quem você busca orientação ou com quem tem se aconselhado quando está ansiosa? Mais importante ainda: qual tem sido o conteúdo desse aconselhamento?

Com tantos acontecimentos negativos sendo noticiados diariamente nos telejornais e nas redes sociais, é muito fácil sermos influenciadas por opiniões pessimistas, medo, dúvida e insegurança. Muitas vezes, encontramos consolo momentâneo ao compartilharmos preocupações com outras pessoas, mas nem sempre os conselhos recebidos são construtivos ou estão alinhados com a vontade do Senhor para nós.

Logo, quando damos ouvidos à orientação alheia, devemos analisar: estamos sendo incentivadas a confiar em Deus, buscar sua orientação e fortalecer nossa fé? Ou estamos sendo levadas a ceder ao desespero, ao medo e à preocupação desenfreada? Como o conselho que aceitamos pode impactar significativamente nossas emoções, decisões e perspectiva, é fundamental discernir quem tem autoridade espiritual e buscar direcionamento de pessoas sábias e comprometidas com a Palavra de Deus.

Infelizmente, já testemunhei muitas pessoas cometerem erros graves e comprometerem todo o curso da própria vida apenas por darem ouvidos a conselhos equivocados. Por isso, reforço tanto a importância de você investir no seu relacionamento com Deus. Quando confiamos nele, podemos ter a certeza de que ele nos ajudará pondo as pessoas certas ao nosso lado. Se, por acaso, não as encontrarmos em dado momento, ele mesmo nos guiará pelo caminho correto. O próprio Senhor Jesus está constantemente nos convidando à intimidade com ele: "Eis que estou à porta e bato. Se alguém ouvir a minha voz e abrir a porta, entrarei e cearei com ele, e ele comigo" (Apocalipse 3.20).

Contudo, mesmo assim, percebo como muitas mulheres não ouvem a sua voz; outras terceirizam a responsabilidade de desenvolver um relacionamento com o Senhor e acabam o tempo inteiro atrás da direção exclusiva de líderes e pastores; enquanto outras ainda nem ao menos abrem a porta do coração para deixá-lo entrar. Minha oração é para que toda voz que não procede de Deus seja emudecida; que você esteja cada vez mais aberta para escutar o que o Pai tem a dizer de modo específico. Peça discernimento a Deus e saiba distinguir o que vem dele e o que não vem.

Enquanto filtramos o que ouvimos, devemos lembrar-nos de buscar a sabedoria divina, de alimentar a mente com as Escrituras e de nos cercar de pessoas que nos impulsionem rumo à fé, esperança e confiança no Senhor. Ao fazer isso, estamos dando passos importantes para o cuidado do nosso interior. Assim, estaremos mais preparadas para enfrentar a ansiedade e experimentar a paz que excede todo entendimento, mesmo nas circunstâncias mais desafiadoras.

Proteja os olhos

Além de proteger a audição, precisamos guardar a visão, pois o que vemos também pode impactar profundamente em nossa caminhada. Jesus nos ensina a direcionar a visão para o que é puro, edificante e alinhado com os princípios divinos. Não à toa, ele nos instruiu: "Os olhos são a candeia do corpo. Se os seus olhos forem bons, todo o seu corpo será cheio de luz. Mas se os seus olhos forem maus, todo o seu corpo será cheio de trevas. Portanto, se a luz que está dentro de você são trevas, que tremendas trevas são! [...]" (Mateus 6.22,23).

Ao dizer que os olhos são a lâmpada do corpo, Cristo nos lembra da grande importância de cuidarmos deles como portas para uma vida pura, santa e estável. Então, vale meditar nos seguintes questionamentos: em que você tem fixado o seu olhar? Tem sentido desejo pelo que vê? A esse respeito, Paulo nos diz exatamente o que devemos fazer:

> Portanto, também nós, uma vez que estamos rodeados por tão grande nuvem de testemunhas, livremo-nos de tudo o que nos atrapalha e do pecado que nos envolve, e **corramos com perseverança a corrida que nos é proposta, tendo os olhos fitos em Jesus, autor e consumador da nossa fé.** Ele, pela alegria que lhe fora proposta, suportou a cruz, desprezando a vergonha, e assentou-se à direita do trono de Deus. (Hebreus 12.1,2 - grifo da autora)

Ao permanecermos com os olhos fitos em Jesus, encontramos a força e a inspiração necessárias para perseverarmos na jornada da fé, pois ele também será a lente por meio da qual enxergaremos todas as outras coisas. Quando olhamos para o espelho, veremos o reflexo de uma pessoa imperfeita, mas, quando olhamos para a cruz, encontramos o Salvador, que é perfeito. Se olharmos apenas para nós mesmas, logo chegaremos à conclusão de que não somos suficientes, porém, quando fixamos nossos olhos em Jesus, temos a garantia e convicção de que ele é mais do que suficiente.

Proteger nossos olhos também significa ter cuidado com a cobiça. Quando invejamos algo, estamos desejando o que Deus não nos deu, ou ainda, desprezando o que ele já nos deu. Isso seria o mesmo que desconfiar da bondade de Deus. Ou, em outros termos, é como se disséssemos: "O Senhor não sabe do que eu preciso, não sabe me abençoar".

O curioso é que a cobiça é insaciável. É como um baú sem fundo, nunca enche. Ela representa o vazio dentro de nós.

Você se recorda da mulher samaritana? Lembra quando Jesus a encontrou à beira do poço e lhe disse: "Quem beber desta água terá sede outra vez, mas quem beber da água que eu lhe der nunca mais terá sede. Ao contrário, a água que eu lhe der se tornará nele uma fonte de água a jorrar para a vida eterna" (João 4.13,14)? Aquela mulher era insaciável. Ela tinha tido cinco homens e o sexto com quem estava, não era o seu marido. Jesus a saciou, e saciada ganhou toda uma cidade para Jesus.

Portanto, cuidado com a cobiça! Não queira colocar as mãos no que Deus não lhe deu. Antes, seja grata, pois o contentamento é o antídoto contra a cobiça e a ingratidão. Agradeça e multiplique o que Deus deu a você, porque tudo o de que precisa já está em suas mãos.

A gratidão fica mais fácil quando usamos óculos espirituais e passamos a enxergar o mundo como Deus o vê. É verdade que os seus problemas não desaparecerão, mas você terá uma perspectiva divina sobre a vida. Pecados passados se transformarão em pensamentos de graça maravilhosa. Desafios do presente se tornarão em desejo de ser podada, refinada e moldada à semelhança de Deus. Preocupações acerca do futuro se converterão no lembrete de que Jesus está à destra de Deus, por isso não há nada o que temer.

Retomando o trecho da carta de Paulo aos Filipenses, observamos que, após nos mostrar os antídotos contra a ansiedade, ele nos exorta sobre o que devemos pensar:

> Finalmente, irmãos, tudo o que for verdadeiro, tudo o que for nobre, tudo o que for correto, tudo o que for puro, tudo o que for amável, tudo o que for de boa fama, se houver algo de excelente ou digno de louvor, pensem nessas coisas. Ponham em prática tudo o que vocês aprenderam, receberam, ouviram e viram em mim. E o Deus da paz estará com vocês. (Filipenses 4.8,9)

Assim, se protegemos os nossos olhos e ouvidos, o nosso padrão de pensamento é transformado e passamos a redirecionar a visão e a audição para o que santificará a nossa alma. Em última análise, se permitimos que Deus controle a nossa mente, então é ele que conduz a nossa vida, comportamento e as nossas atitudes.

Por fim, jamais poderia encerrar este capítulo sem mencionar as doces e amáveis palavras de Jesus acerca da ansiedade, em Mateus 6. Fiz isso intencionalmente para que, depois de tudo que aprendemos com o apóstolo Paulo, entendamos de forma mais consciente, como se estivéssemos sendo abraçadas por cada palavra de Cristo. Por favor, leia este trecho em voz alta:

> Por isso, vos digo: não andeis ansiosos pela vossa vida, quanto ao que haveis de comer ou beber; nem pelo vosso corpo, quanto ao que haveis de vestir. Não é a vida mais do que o alimento, e o corpo, mais do que as vestes? Observai as aves do céu: não semeiam, não colhem,

nem ajuntam em celeiros; contudo, vosso Pai celeste as sustenta. Porventura, não valeis vós muito mais do que as aves? Qual de vós, por ansioso que esteja, pode acrescentar um côvado ao curso da sua vida? E por que andais ansiosos quanto ao vestuário? Considerai como crescem os lírios do campo: eles não trabalham, nem fiam. Eu, contudo, vos afirmo que nem Salomão, em toda a sua glória, se vestiu como qualquer deles. Ora, se Deus veste assim a erva do campo, que hoje existe e amanhã é lançada no forno, quanto mais a vós outros, homens de pequena fé? Portanto, não vos inquieteis, dizendo: Que comeremos? Que beberemos? Ou: Com que nos vestiremos? Porque os gentios é que procuram todas estas coisas; pois vosso Pai celeste sabe que necessitais de todas elas; buscai, pois, em primeiro lugar, o seu reino e a sua justiça, e todas estas coisas vos serão acrescentadas. Portanto, não vos inquieteis com o dia de amanhã, pois o amanhã trará os seus cuidados; basta ao dia o seu próprio mal. (Mateus 6.25-33 - ARA)

Aleluia! Consegue glorificar a Deus por isso? Meu desejo é que essa verdade a abrace neste momento. Não sei você, mas eu sinto *TANTO* amor quando leio essas palavras de Jesus. Tenho cultivado o hábito de me apegar a cada uma delas quando meu coração se encontra ansioso. Creio que, assim como eu posso desfrutar da convicção do amor e da segurança do Pai, você também consegue.

Acredite: Deus é bom o tempo todo. Confie em sua bondade. Ele a ama incondicionalmente e tem planos lindos para a sua vida. Portanto, renda-se a esse amor. Solte definitivamente a ansiedade e abra o seu coração para ser cuidada pelo Pai.

CAPÍTULO

Tempo

"MUITA CALMA NESSA ALMA
VAI FICAR TUDO BEM
MUITA CALMA NESSA ALMA
LEMBRE-SE DE QUEM VOCÊ TEM."
— MARCELA TAÍS[1]

[1] TAIS, Marcela; Sullivan, Michel. #SML. In: Marcela Tais. Muita calma nessa alma. [s.l.]: Sony Music Entertainment, 2016. EP. Faixa 5.

Na linda canção "Muita calma nessa alma", Marcela Taís traz à tona essa verdade encorajadora. A promessa de Jesus de que estaria conosco, de fato, inspira serenidade à nossa alma, o que significa que não precisamos nos angustiar ou desesperar, pois podemos nos agarrar a essa promessa com a convicção de que aquele que controla o tempo não está atrasado nem perdeu a hora.

A história de José, filho de Jacó, é uma das mais surpreendentes demonstrações de teste do tempo registradas na Bíblia. O livro de Gênesis relata que Deus concedeu a José um sonho revelador, no qual ele seria elevado a uma posição de influência e seus familiares se curvariam diante dele. No entanto, entre o momento do sonho e o cumprimento da promessa, passaram-se treze anos de provações e desafios.

O TEMPO NA FASE DA ESPERA PODE SER O SEU PIOR INIMIGO OU SEU MAIOR PROFESSOR.

Após contar ingenuamente o sonho à sua família, o rapaz foi lançado em um poço e vendido como escravo pelos próprios irmãos, sendo levado ao Egito. Posteriormente, na casa de Potifar — um homem relevante no país —, José demonstrou habilidades de administração ao gerenciar propriedades e riquezas. Contudo, a esposa daquele homem começou a se interessar pelo jovem hebreu e tentou seduzi-lo muitas vezes. Até que na última investida, sendo, mais uma vez rejeitada, decidiu acusá-lo de violação sexual. Essa falsa denúncia o levou à prisão.

Em contrapartida, graças ao favor de Deus, foi elevado ao posto de gerente dos demais prisioneiros. Nesse período, teve a oportunidade de interpretar os sonhos de dois chefes que também haviam sido presos: o dos copeiros e o dos padeiros. Ambos aconteceram conforme José anunciara.

Passados dois anos, lembraram-se dele quando o chefe dos copeiros o chamou para interpretar alguns sonhos que o faraó havia tido. O Senhor deu a revelação dos sonhos a José, que após impressionar faraó com tamanha sabedoria e discernimento, finalmente, aos trinta anos, deixou a prisão e passou a governar a maior nação da época, desempenhando o papel crucial no plano divino de proteger seu povo de uma fome em escala global. A história desse homem é uma inspiração de perseverança, fidelidade a Deus e superação de obstáculos.

Como seria se, quando bem novinho, José tivesse tido os sonhos e no dia seguinte se realizassem? A despeito de toda luta que enfrentou, a jornada de treze anos de espera foi essencial para o amadurecimento e aprendizado. Cada desafio e ensinamento ao longo desse período moldaram seu caráter, sua personalidade e forjaram nele as qualidades necessárias para viver plenamente o projeto de Deus.

Acredito que, todas as vezes que passamos por uma situação pela qual não merecemos, Deus nos dá uma porção da graça que não merecemos receber. Além disso, a Bíblia declara uma verdade que sempre me traz consolo e esperança para continuar perseverante: "Desde os tempos antigos ninguém ouviu, nenhum ouvido percebeu, e olho

> **Pense em algumas estratégias eficazes para transformar a sua espera em uma experiência frutífera, marcante e leve para você e até para as pessoas ao seu redor. Anote-as aqui:**

_____

_____

_____

_____

_____

_____

_____

_____

nenhum viu outro Deus, além de ti, que trabalha para aqueles que nele esperam" (Isaías 64.4).

Aqueles que depositam esperança no Senhor jamais serão frustrados. É verdade que, na vida, além das alegrias, teremos muitas aflições e desafios, mas podemos caminhar na certeza constante de que o Pai celestial está ao nosso lado, cuidando de nós e agindo em nosso favor, pois ele é fiel para cumprir suas promessas e nos conduzir com perfeição.

Contudo, é essencial nos lembrarmos de que o tempo de Deus não é o mesmo que o nosso. Sua maneira de agir também não. Aliás, se observarmos atentamente, identificaremos que o tempo se revela como um dos principais instrumentos do Senhor para nos preparar e capacitar a viver o que ele tem para nós.

Isso, porque ele nos ama e sabe que, quase sempre, não estaremos prontas logo de início para cumprir o plano que deseja concretizar por meio de nós. Assim como José e todos os heróis da fé, passaremos por provas de fogo que testarão o nosso caráter e purificarão as nossas intenções, motivações e integridade.

O fogo é o agente capaz de nos limpar das impurezas e nos refinar. Como acontece no processo de purificação do ouro, quanto mais puro, mais maleável esse metal se torna, a ponto de não ser possível encontrar uma joia de ouro com pureza máxima. É por esse motivo que ele necessita ser combinado com outros metais para converter-se em uma joia. Acho lindo pensar como essa analogia se aplica em nossa vida também. Quanto mais passamos pelo fogo do Senhor e das provações cotidianas, mais nos tornaremos puras e, consequentemente, maleáveis nas mãos de Deus. Mas quantas de nós podemos garantir alegria frente a uma prova de fogo? Será que o fogo purificador tem tido espaço para queimar e aniquilar as impurezas do nosso interior ou temos encarado essas brasas como castigo, perseguição e maldade divinos?

O tempo é uma das manifestações do fogo purificador de Deus. Ele é capaz de revelar nosso coração, provar nosso caráter e nos ensinar didaticamente o que significam as palavras perseverança e esperança.

Sim, esperar é coisa difícil. Eu sei. Ainda mais quando vemos o tempo passar e nada parece estar mudando ao redor. Porém, o Senhor não saiu do trono. Certamente, ele está utilizando o tempo, o período da espera, para nos refinar, instruir, amadurecer e capacitar para receber o que ele tem reservado para nós, seja o que for.

O apóstolo Paulo escreveu na Carta aos Efésios: "Àquele que é capaz de fazer infinitamente mais do que tudo o que pedimos ou pensamos, de acordo com o seu poder que atua em nós, a ele seja a glória na igreja e em Cristo Jesus, por todas as gerações, para todo o sempre! Amém!" (3.20,21). Minha amiga, Deus não erra. Ele não esqueceu de você nem está demorando por estar ocupado com outra coisa mais importante. Deus está vendo você. Ele está ouvindo cada oração, vendo cada renúncia e recolhendo cada lágrima. A Palavra nos afirma: "Registra, tu mesmo, o meu lamento; recolhe as minhas lágrimas em teu odre; acaso não estão anotadas em teu livro?" (Salmos 56.8).

Eu tinha catorze anos quando fiz uma oração me entregando por completo ao Senhor, e tomei a decisão de esperar nele pela pessoa certa. Naquela época, tinha certeza de que, com pouco mais de vinte anos, eu estaria casada e com filhos.

Contudo, as coisas nem sempre acontecem como esperamos. Passei dos vinte anos, e isso ainda não tinha ocorrido. Aos vinte e um, eu me formei em Direito e com vinte e dois, iniciei um empreendimento familiar. Naquela época, eu cooperava ativamente na igreja; tudo estava indo bem, e eu perguntava a Deus: "Pai, o Senhor não acha que estou pronta para me casar?". Aos meus olhos eu estava preparada. No entanto, foi somente aos vinte e nove anos que o Samuel apareceu em minha vida, e aos trinta e um que nos casamos. Hoje, refletindo sobre a minha trajetória, percebo como o tempo de Deus foi perfeito. Por certo, se tivesse me casado aos vinte e um, teria enfrentado desafios para os quais eu, com certeza, não estaria preparada.

Isso quer dizer que se casar aos vinte e poucos anos é errado ou atestado de fracasso? Definitivamente, não. Só não era o melhor de Deus para mim. O Senhor nos conhece de maneira individual e sabe o que precisamos de verdade, ainda que isso entre em conflito com o que pensamos ser o ideal para nós. Algumas mulheres, por exemplo, podem estar prontas para o casamento aos vinte anos, enquanto outras podem não estar aos quarenta. Algumas ainda, ao longo de suas trajetórias, entendem que foram chamadas de forma específica para o celibato e são extremamente felizes servindo a Deus, à igreja local e às pessoas ao redor. Não existe uma regra.

Nos meus longos anos de espera, fui esticada, ensinada, confrontada, desafiada e colecionei muitos aprendizados. Muitos. Nessa fase, participei de conferências voltadas para mulheres, investi tempo com a minha família e meus amigos, viajei, estudei, servi em minha igreja local e me engajei em inúmeras iniciativas, cultos e processos que me fizeram crescer e, aos poucos, ser transformada pelo Senhor no decorrer do caminho.

Ao mesmo tempo, minha mãe, de maneira constante e intencional, trazia-me ensinamentos que me orientavam e corrigiam minha conduta com objetivo de me moldar para a vida adulta, não apenas para o âmbito do casamento, mas para todas as áreas. Não por acaso, essas instruções influenciaram sensivelmente como trato meu esposo hoje e como enxergo o matrimônio. Reconheço que fui muito abençoada pela mãe que tenho. Ela é uma mulher muito sábia.

Por outro lado, ainda assim, isso não me poupou de viver algumas experiências que me chatearam, mas me ensinaram muito. Antes de

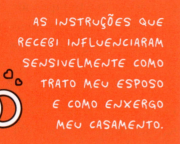

AS INSTRUÇÕES QUE RECEBI INFLUENCIARAM SENSIVELMENTE COMO TRATO MEU ESPOSO E COMO ENXERGO MEU CASAMENTO.

me apresentarem o Samuel, conheci um rapaz que chamou minha atenção. Na época, eu tinha vinte e oito anos. Ele demonstrou interesse em mim, e eu, em contrapartida, permiti que nos aproximássemos e nos conhecêssemos melhor. Nessas alturas, percebi que ele era bem interessante: temia a Deus, era centrado, com objetivos muito claros, além de ser muito ativo na igreja dele, algo que era muito relevante para mim.

A partir daí, ele procurou meus pais e irmão para se apresentar e pedir a permissão para me namorar. Desde o nosso primeiro encontro, quando percebi seu real interesse em mim, comecei a dedicar bastante tempo em oração, buscando a aprovação de Deus. Àquela altura, eu também já tinha compartilhado com meus pais e pastores como me sentia sobre ele, e todos foram favoráveis. Além disso, eu adorava as nossas conversas, e como parecíamos ser compatíveis em inúmeros aspectos. Tudo aparentava estar se encaixando perfeitamente. Não havia nenhuma razão para não aceitar. E em meio a todos aqueles acontecimentos, eu me perguntava o tempo todo: "Será que enfim chegou a recompensa da minha espera?".

Com a bênção dos meus pais, ele se preparou para se declarar a mim. Então, logo me fez um convite para um jantar especial, e aí me pediu em namoro. Depois que aceitei, ele colocou um anel de compromisso no meu dedo e, naquele momento, aconteceu o meu primeiro beijo — nunca havia beijado ninguém antes dele. Uma mistura de emoção e empolgação tomava conta de mim, e minhas amigas compartilhavam dessa alegria. Era início de fevereiro, e foi um momento marcante.

O primeiro mês de namoro foi incrível. Conheci sua família e a igreja que ele frequentava, e desfrutamos de tempos especiais juntos.

Ele demonstrava ser romântico, trazendo-me flores e presentes, era carinhoso, e tudo parecia um sonho. No dia que completamos um mês de namoro, lembro que ele preparou um lindo café da manhã surpresa para mim.

Entretanto, inexplicavelmente, após essa data, ele começou a mudar: não mandava mensagens de bom-dia, não fazia questão de se mostrar presente e muito menos de demonstrar seus sentimentos, e, assim, gradativamente, foi ficando mais frio e seco. Eu, por outro lado, pensava: "É assim mesmo. Ninguém é perfeito, e eu preciso aprender a lidar com os defeitos dele", esforçando-me para tentar contornar a situação. No terceiro mês, nossa comunicação estava quase impossível, eu falava "a", e ele entendia "b", o que começou a causar uma série de desentendimentos com frequência. Ele já não agia como o rapaz que eu tinha conhecido meses antes.

Certo dia, quando eu estava bem desapontada com essa situação, disse para a minha mãe: "Esperei a minha vida toda para ter um namoro sem futuro como esse? Eu não mereço passar por isso!". Guardo essa cena na memória como se fosse ontem. Após retornarmos de um compromisso, quando cheguei a casa, entrei no meu quarto e decidi buscar a presença de Deus em oração. Depois de me ajoelhar diante da minha cama, o Espírito Santo me convidou para um diálogo especial. Foi quando ele trouxe à minha mente a passagem bíblica que relata a visita do anjo a Maria:

> Mas o anjo lhe disse: "Não tenha medo, Maria; você foi agraciada por Deus! Você ficará grávida e dará à luz um filho, e lhe porá o nome de Jesus. Ele será grande e será chamado Filho do Altíssimo. O Senhor Deus lhe dará o trono de seu pai Davi, e ele reinará para sempre sobre o povo de Jacó; seu Reino jamais terá fim". (Lucas 1.30-33)

O encontro de Maria com o anjo foi um momento de profunda graça e favor divinos. Ela foi escolhida para ser a mãe do Filho de Deus, Jesus, o Salvador da humanidade. Que privilégio! Essa notícia pode ter gerado medo ou incerteza em Maria, mas o anjo a tranquilizou, lembrando-a de que ela havia sido agraciada por Deus. Depois que Jesus nasceu, José, seu marido, recebeu a seguinte orientação:

> Depois que partiram, um anjo do Senhor apareceu a José em sonho e lhe disse: "Levante-se, tome o menino e sua mãe, e fuja para o Egito. Fique lá até que eu diga a você, pois Herodes vai procurar o menino para matá-lo". Então ele se levantou, tomou o menino e sua mãe durante a noite e partiu para o Egito [...]. (Mateus 2.13,14)

Nesse trecho, a Bíblia nos conta que José recebeu a mensagem de um anjo do Senhor, instruindo-o a fugir para o Egito, e Maria obedeceu prontamente. Por meio desse versículo, o Espírito Santo — que convence o homem do pecado, da justiça e do juízo (cf. João 16.8) — exortou-me acerca de um pecado horrível: o orgulho, expresso na minha arrogância. Você pode me perguntar: "Mas o que o orgulho tem a ver com José, Maria e Jesus fugindo para o Egito?". Explico.

Maria havia sido escolhida por Deus para dar à luz a Jesus. Ela estava literalmente com o "rei na barriga". Depois de nascer, a Bíblia diz que o menino ganhou presentes dos magos vindos do Oriente. Logo em seguida, ainda de noite, José chamou Maria a fim de saírem fugidos para o Egito. Foi nesse ponto da história que eu imaginei que, se estivesse no lugar de Maria, teria dito a José: "Meu querido, deve haver algum engano. Eu não sei se você percebeu, mas eu sou a mãe do Filho do Altíssimo, o Rei Jesus. Você me perdoe, mas eu não vou sair foragida não, muito menos a uma hora destas. Se realmente devemos fugir, o anjo falará comigo também e mandará os meios para realizar a viagem". Entretanto, Maria não agiu assim, ela prontamente se levantou e foi. Essas palavras me sensibilizaram profundamente. Se a mulher escolhida para ser a mãe de Jesus não teve o sentimento de "eu não mereço passar por isso", por que eu o estava tendo?

Naquele momento, o Espírito Santo revelou algo oculto e desconhecido dentro do meu coração, que nem eu mesma havia percebido. Ele me mostrou que eu estava sendo vaidosa, orgulhosa e arrogante ao me considerar a mais especial de todas as mulheres por ter vivido longos anos de espera. Ele me disse que eu estava esperando ser recebida com um tapete vermelho e que, se isso não acontecesse, eu ficaria frustrada. "Esse rapaz acha que é fácil encontrar uma mulher como eu, que esperou todos esses anos fielmente sem nunca ter beijado ninguém? Como ele ousa me tratar assim? Onde está a minha honra?". Embora eu nunca tivesse expressado isso em palavras — com certeza, jamais o faria —, o Espírito Santo iluminou o meu interior, revelando-me que isso era exatamente o que eu sentia. Ao chegar a essa compreensão, imediatamente comecei a chorar enquanto me arrependia e pedia perdão ao Senhor pelo meu pecado.

Depois que Deus me deu uma visão mais correta a respeito das minhas motivações, tentei conversar com o meu namorado na época para tentar melhorar o nosso relacionamento. Contudo, pouco a pouco, fui percebendo nele algumas condutas que contradiziam minhas crenças e expectativas em relação a um esposo adequado para mim. Isso me entristeceu profundamente.

Lembro-me de que, em um dia, meu irmão chegou para mim e disse: "Minha irmã, se você tem medo de terminar esse namoro por receio do que as pessoas dirão por você ter esperado tantos anos, eu quero que saiba que nós apoiamos você. Temos visto os seus esforços e as atitudes dele e estamos do seu lado. Se você quiser terminar, termine. Deus tem algo melhor para você". Meus pais endossaram a fala do meu irmão, e, mesmo que eu realmente não estivesse preocupada com as opiniões alheias, pois meu orgulho já havia sido moído até àquele ponto, eu precisava ser encorajada para colocar um fim naquele relacionamento.

Lamentavelmente, essa crise emocional aconteceu na semana do Dia dos Namorados. Seria a primeira vez que eu comemoraria essa data. No entanto, eu preferia terminar o relacionamento, que já estava desgastado, a passar aquele dia com ele, só por passar. Assim, reuni coragem, aguardei pelo nosso encontro seguinte e terminamos.

Após dez dias do término, escrevi uma carta sobre os meus sentimentos. Agora, finalizo esta história compartilhando-a com você:

FIM DO NAMORO

Estou reflexiva sobre minha última semana. Fiquei curiosa para saber de mim mesma como seriam estes dias após o término e estou surpresa. Ele foi mais difícil que o esperado. Eu estava decidida, firme, mas não adianta, término é término. É tenso! Devolvi a ele a aliança de compromisso e, a partir dali, estava conformada a ter de encarar os dias nublados que se seguiriam. Foram quatro meses juntos, e, apesar das fortes razões que motivaram o término, eu já estava apegada a ele. Ele foi alguém especial para quem meu coração se abriu disposto, desejoso e animado. Foi delicioso nesse tempo ter alguém para acarinhar e ter ao lado... Eu sinceramente nem quis resistir ao processo de desapego, de deixar ir, de sentir falta ... Também abri mão de querer parecer forte para não demonstrar fraqueza e tristeza. Afinal, todo mundo já passou por um término, e fingir é se enganar.

Mas a verdade, a verdade mesmo, é que até eu estava querendo saber as minhas reações nesse momento. Esperei. Tirei o dia seguinte de folga, já que estava de luto. Entrei em contato com algumas pessoas importantes para mim e encerrei esse dia orando. Nessa oração, não consegui falar muitas palavras, eu só pensava em tudo, ali, diante de Deus. A sensação que eu tive, desde o momento que saí do carro até então, era de que havia tomado a decisão certa. Eu sentia paz. Nos dias seguintes, também senti alívio — nas emoções e na rotina. Estranhei. Quando vai começar a fossa? Muito embora eu não tivesse verbalizado, eu tinha certeza de que o tinha amado. Então por que não estava doendo?

Fiquei procurando explicações e cheguei a duas conclusões. Na primeira, que não considero tão certeira, coloquei esse amor que senti à prova e entendi que ele foi um amor desnutrido — um amor fraco, sem viço, sem peso. Na segunda, eu acredito piamente que Deus interveio. Ele não quis me ver triste. Recebi muitos abraços de Deus nesta última semana. Ele fez questão de se manifestar a mim com carinho através de flores, de uma joia, de presente, de beijos, de atenção, de detalhes... e o mais impressionante, ele visitou meu coração e pegou a frustração de um relacionamento aguardado por toda a vida, que não durou nem deu certo, e nesse lugar de frustração depositou esperança. Eu sei que foi ele, porque eu, sozinha, jamais conseguiria esse feito.

Um coração frustrado perguntaria a Deus: por que ele permitiu isso acontecer? Por que ele permitiu que eu abrisse o meu coração para um relacionamento sem futuro? Por que Deus permitiu uma exposição social? Já foi tão difícil lidar com essa cobrança por tantos anos, agora tenho de justificar por que não deu certo e "legitimar" comentários como: "Eu disse, ela tem algum problema"!

Mas eu decido não caminhar por esse caminho, pois seria muito ingrata se caminhasse por ele. Estou no décimo dia após o término e já me peguei sonhando acordada com o dia do meu casamento. A única explicação que encontro para isso é: Deus e o seu amor! Falo a verdade quando digo que ele, de fato, colocou esperança no lugar da frustração. Eu não conseguiria fingir isso.

Paulo disse em Romanos que a paciência produz a experiência, e a experiência a esperança. E a esperança não traz confusão, porquanto o amor de Deus está derramado em nossos corações pelo Espírito Santo que nos foi dado.[2]

O contexto de Paulo era outro, mas essa passagem traduz exatamente como me sinto. A experiência também é como uma ferramenta e agora estou mais preparada para o que vem pela frente.

---

[2]   Romanos 5.3-5, ACF.

> *Eu me responsabilizo pelas decisões que tomei e tenho a firme consciência de que não foi Deus que me decepcionou, muito pelo contrário, sou constrangida constantemente pelo seu amor poderoso. Se eu digo que confio no Senhor e nos seus propósitos, se decidi viver uma vida para a sua glória, então solto o fardo pesado da busca por respostas e explicações, descanso com fé e não dou lugar à dúvida, pois me sinto amada e grata demais para isso.*
>
> *Continuo sonhando e confiando.*
> *20 de junho de 2019, à 01h41.*

Exatamente três meses depois de eu ter escrito essa carta, conheci o Samuel pessoalmente. Acredito que precisei passar por essa experiência de namoro fracassado para ser ainda mais tratada por Deus e aprender a valorizar o que ele tinha para mim. Quando começamos a namorar, cada mensagem de bom-dia que o Samuel me mandava era como um presente: "Bom dia, princesa. Deus abençoe o seu dia hoje!". Pequenas atitudes dele me deixavam tão feliz. Se Deus não tivesse trabalhado em mim, eu simplesmente veria tudo como o resultado da minha espera. Você me entende?

Não sei em que área o Senhor precisa trabalhar em você, não sei qual parte do seu interior o Espírito Santo precisa iluminar. Talvez você tenha sofrido uma traição, e Deus deseja ensinar-lhe que a segurança que você procura está nele. Se esse for o seu caso, permita-se ser curada. É possível que você tenha experimentado uma relação de dependência emocional, e Deus esteja utilizando o tempo de espera para ensiná-la a depender somente e completamente dele.

Quem sabe você tenha vivido abusos, rejeição ou abandono, e, nesse período, o Senhor deseja curar todas as raízes dessas feridas, para que você possa desfrutar de uma vida plena e abundante. Ou ainda, assim como aconteceu comigo, você tenha dado lugar ao orgulho, impedindo-a de enxergar com clareza a vontade de Deus, por achar que já está pronta e não precisa mais esperar.

Se a sua espera ainda não terminou, é porque Deus continua agindo em você por meio dessa fase específica. Portanto, exponha-se diante dele com humildade e permita que ele complete essa obra em você. Deixe que ele a cure, liberte-a e restaure sua identidade.

Antes de terminar este capítulo, gostaria de encorajá-la a não desistir no meio do caminho. Acredito que, até este ponto da leitura, você já tenha compreendido que não consegue ir muito longe por conta própria e que assumir o controle total da sua vida não é a melhor opção, a não ser entregá-lo nas mãos de quem a criou e a ama mais do que qualquer outra pessoa: seu Pai celestial.

A Bíblia está repleta de exemplos que nos ensinam sobre a importância de confiar em Deus. Ela nos apresenta histórias de pessoas que colocaram sua confiança nele e colheram frutos extraordinários, assim como daquelas que optaram por não fazer o mesmo e enfrentaram as consequências catastróficas de suas escolhas. Esses relatos nos oferecem valiosas lições para nossa própria jornada de fé.

Abraão e Sara, como analisamos, não tiveram a paciência necessária para esperar o cumprimento da palavra de Deus. Em vez disso, tentaram resolver as coisas a seu próprio modo, o que resultou em circunstâncias desastrosas. Em contrapartida, a história de José, que também examinamos, revela-nos que mesmo sofrendo injustamente, esse jovem se manteve firme e fiel a Deus, recusando-se a ceder aos seus desejos carnais e abandonando qualquer busca por justiça própria. Ele escolheu confiar plenamente no Senhor do tempo e foi abençoado e recompensado de maneira abundante. Seu período de sofrimento não se comparou com o tempo de bênçãos em que o sonho divino se cumpriu.

Esperar no Senhor não é desperdiçar tempo; é caminhar e avançar. E a ótima notícia é que ele está com você ao longo dessa trajetória. Por mais que você não o veja, mesmo que não o sinta, creia e se renda aos planos divinos, pois eles são infinitamente maiores que os seus. É o que 1 Coríntios nos garante: "Todavia, como está escrito: 'Olho nenhum viu, ouvido nenhum ouviu, mente nenhuma imaginou o que Deus preparou para aqueles que o amam'" (1 Coríntios 2.9).

Guarde essa promessa em seu coração. Escolha confiar no Senhor, haja o que houver. Nem sempre as coisas acontecerão como planejamos ou esperamos, mas, certamente, se formos fiéis a Deus, jamais seremos decepcionadas. Sim, é verdade, a espera pode ser desafiadora. Não é fácil entregar o controle, lidar com a pressão, impaciência e o desânimo. É complicado se manter esperançosa quando tudo se mostra contrário, Deus parece em silêncio, ou quando não conseguimos enxergar o caminho à nossa frente. No entanto, não podemos jamais nos esquecer de que já temos tudo o que precisamos em nossa vida. A presença de Deus é o nosso bem mais valioso. A sua Presença é o que faz a jornada valer a pena. Ele está ao seu lado, agindo em seu favor constantemente. Acredite nisso. E no instante em que as coisas estiverem complicadas, lembre-se do que a Palavra nos diz:

> Ele fortalece ao cansado e dá grande vigor ao que está sem forças. Até os jovens se cansam e ficam exaustos, e os moços tropeçam e caem; mas aqueles que esperam no Senhor renovam as suas forças. Voam bem alto como águias; correm e não ficam exaustos, andam e não se cansam. (Isaías 40.29-31)

> Eu sou o Senhor; na hora certa farei que isso aconteça depressa. (Isaías 60.22b)

Nutra-se da Palavra. Encha-se da presença de Deus. Abrace os processos com esperança e aprenda a escolher bem. É preferível suportar a dor da espera a sofrer as amargas consequências da precipitação.

Minha oração é para que suas forças e esperança sejam renovadas no Senhor, e que você sinta o abraço carinhoso do Pai celestial, que está cuidando da sua vida. Descanse nele e creia no que ele lhe diz. Você não será desapontada.

Conheça um pouco mais sobre a história da Thayse e do Samuel

CAPÍTULO 6

Incredulidade

"MESMO ASSIM NÃO DUVIDOU
NEM FOI INCRÉDULO EM
RELAÇÃO À PROMESSA
DE DEUS, MAS FOI
FORTALECIDO EM SUA FÉ
E DEU GLÓRIA A DEUS,
ESTANDO PLENAMENTE
CONVENCIDO DE QUE ELE
ERA PODEROSO PARA CUMPRIR
O QUE HAVIA PROMETIDO."

— ROMANOS 4.20,21

A incredulidade nada mais é do que falta de fé. Ela é um dos principais desafios enfrentados por quem decide esperar o cumprimento das promessas de Deus, e uma das estratégias mais utilizadas pelo Inimigo para impedir que recebamos e experimentemos plenamente o que o Senhor tem preparado para nós. Não à toa, decidi dedicar um capítulo inteiro sobre ela.

Todo ser humano já foi atacado pela dúvida em algum momento. Se você está atravessando um período de espera em Deus, certamente já deve ter sido invadida por pensamentos como: "Será que vale a pena esperar no Senhor?", "Será que ele cumprirá mesmo o que prometeu?", "Será que escutei certo de Deus ou era coisa da minha cabeça?", "Para que ter esperança e esperar tanto se nada muda?", "É humanamente impossível viver uma restauração na situação em que me encontro", "Já fiz muita coisa errada antes, é melhor me contentar que essa é a vida que eu mereço".

Dúvidas. Dúvidas e mais dúvidas, que são fundamentadas em mentiras, porque não vêm de Deus. Embora Satanás não seja onisciente, ele é esperto o bastante para saber que o Senhor tem planos maravilhosos a seu respeito, que, não acidentalmente, dependem de fé para serem cumpridos. Por isso mesmo, semear a incredulidade na mente humana é uma das táticas malignas mais usadas para combater os propósitos eternos de Deus.

Quando nos entregamos a Cristo, reconhecendo seu sacrifício na cruz em nosso lugar, ele se torna Senhor e Salvador da nossa vida. É por meio da fé, e somente por ela, que podemos nos aproximar do Pai, de Jesus Cristo, o Filho, e do Espírito Santo.

Não só isso, mas a Bíblia também nos garante que é impossível agradar a Deus sem o exercício da fé "[...] pois quem dele se aproxima precisa crer que ele existe e que recompensa aqueles que o buscam" (Hebreus 11.6).

A fé, portanto, é vital e inegociável, pois é por meio dela que demonstramos confiar e depender de Deus. Além do mais, ela nos aproxima do Pai e nos possibilita receber as bênçãos celestiais e viver os planos divinos. A incredulidade, por outro lado, endurece nosso coração, rouba a esperança, afasta-nos de Deus e nos impede de experimentar a sua intervenção em nossa história.

Agora, talvez você creia em Deus e no seu agir, contudo, assim como no caso da ansiedade e da carência, é possível que tenha enfrentado momentos de incredulidade ao longo da sua vida. Isso também aconteceu com os discípulos de Jesus; mesmo depois de terem testemunhado feitos milagrosos, em alguns momentos, foram repreendidos pelo Mestre por sua falta de fé. A incredulidade é como uma armadilha; precisamos estar muito atentas para não sermos enredadas por ela.

Deserto: um teste de fé

Não foram dez nem quinze anos que o povo de Israel permaneceu como escravo no Egito, mas quatrocentos e trinta. Quatrocentos e trinta anos de sofrimento, exploração e escassez. De repente, porém, tudo mudou. Pela graça, amor e poder de Deus, de uma hora para outra, aquele povo se viu livre, com despojos e pronto para partir do Egito rumo ao cumprimento da promessa divina que o Senhor havia feito a Abraão — de que ele lhe daria uma terra e uma descendência numerosa. O jogo havia virado. E como se não bastasse, assistiram de camarote uma intervenção sobrenatural mais escandalosa do que a outra. Águas se tornando sangue, infestações de rãs, gafanhotos, piolhos e moscas assolando seus opressores, praga de úlceras, chuva de pedras, morte do gado do inimigo, escuridão completa em seu território e a morte dos primogênitos egípcios. O mar se abrindo e o povo passando a seco, água brotando de rochas no meio do deserto, sandálias e roupas que não se desgastavam com o tempo e comida caindo do céu. Esses foram alguns dos milagres que o povo hebreu experimentou andando com Deus.

Contudo, mesmo vendo o sobrenatural diante de seus olhos e enxergando a mudança das situações num piscar de olhos, a Palavra nos afirma que eles eram incrédulos, murmuradores e idólatras.

Quantas vezes, sem perceber, não agimos da mesma maneira? O Senhor, com misericórdia, amor e graça, liberta-nos do Egito que nos escravizava, revela-nos seus planos de nos levar à terra prometida, um lugar fértil e abundante, onde desfrutaríamos das bênçãos divinas, mas continuamos nos agarrando à incredulidade, murmuração e até mesmo à idolatria, ainda que tenhamos experimentado e visto tantos milagres em nosso favor.

Entretanto, entre a libertação e a promessa, existe o deserto. O deserto é um local de passagem. O Egito é o nosso passado, a promessa divina, o nosso futuro, mas entre um e outro, precisamos aprender a passar pelo deserto no presente momento. Muitos estudos apontam que o trajeto até a Terra Prometida poderia ter sido realizado em alguns dias. Eles, porém, levaram quarenta anos. Por quê?

> DEUS TEM UM TEMPO DESIGNADO E ESPECÍFICO PARA CONCRETIZAR SEUS PLANOS EM NOSSA VIDA.

Certamente, Deus tem um tempo designado e específico para concretizar seus planos em nossa vida, mas não podemos nos esquecer de que, nesse caminho, ele usa o presente para transformar o nosso interior e nos preparar para viver suas promessas. Não temos o poder de antecipar o futuro, porém, com certeza, podemos atrasar a concretização dos seus projetos se nos deixarmos levar pela incredulidade, por más escolhas, pela murmuração, desobediência e uma série de outros motivos.

A situação se torna ainda pior quando consideramos que, entre todos os que saíram do Egito, apenas duas pessoas da geração que testemunhou os eventos da época da escravidão entraram na Terra Prometida: Josué e Calebe. Por causa da desobediência e da incredulidade do povo em relação a Deus, milhões de pessoas não participaram da grande promessa. Esses homens e mulheres presenciaram inúmeros milagres realizados pelo Senhor durante o trajeto, mas, infelizmente, acabaram se acostumando com eles e permitindo que a descrença, ingratidão e desobediência dominasse seus corações.

Pare um minuto para refletir. Quantas maravilhas o Senhor já realizou em seu favor? Você consegue se lembrar de onde ele a tirou? Quantos livramentos já recebeu dele até hoje? Consegue enxergar a mão de Deus quando passou pelo momento mais difícil da sua história?

Desde criança, sempre tentei manter em mente questionamentos assim como uma forma de permanecer vigilante, e, até hoje, peço constantemente ao Senhor que me ajude a nunca me habituar à sua presença e ao que realiza em meu favor. Não quero nunca me acostumar com alguém entregando sua vida a Cristo ou participar da ceia do Senhor como se fosse mais um rito que acontece todos os meses. Não desejo jamais que o sobrenatural se torne comum e o meu coração se endureça progressivamente. Afinal, essa é a brecha perfeita para a incredulidade entrar. O solo fértil para a descrença é um coração ingrato e inflexível.

Humildade e quebrantamento: reconhecendo a soberania de Deus

A humildade é uma virtude imprescindível para qualquer um. Ela, na verdade, faz parte do próprio caráter de Deus; Deus este que, mesmo sendo majestoso, grande e invencível, escolheu se humilhar, esvaziar-se de si mesmo, tornar-se servo, semelhante aos homens, sendo obediente até a morte, e morte de cruz (cf. Filipenses 2.7,8). Não por acaso, a Palavra também nos afirma: "Mas ele nos dá cada vez mais graça. Por isso diz: 'Deus resiste aos soberbos, mas dá graça aos humildes'" (Tiago 4.6, NAA).

Quanto mais leio a Bíblia e me relaciono com o Senhor, mais percebo o quanto a incredulidade está ligada à falta de conhecimento e revelação acerca do caráter de Deus e das verdades bíblicas. Glorificar ao Senhor e reconhecer sua mão operando se torna mais fácil quando compreendemos quem ele é e que tudo o que temos vem dele. Ainda que sua vida esteja extremamente difícil enquanto lê estas páginas, você precisa reconhecer que só o fato de estar respirando, enxergando e raciocinando é resultado da bondade divina em sua vida.

Pecamos e erramos quando achamos que quem somos e o que temos é consequência única e exclusiva da força do nosso braço. As Escrituras nos afirmam: "Pois nele vivemos, nos movemos e existimos [...]" (Atos 17.28). Sem ele nada podemos fazer (cf. João 15.5). Essa consciência, dependência e humildade nos leva a um quebrantamento, fruto do reconhecimento da soberania, amor e caráter de Deus.

Assim, à medida que buscamos a sua presença, mergulhamos nas Escrituras e mantemos nosso coração quebrantado e humildade, nós nos blindamos contra a incredulidade, o orgulho e a soberba.

Por isso, hoje, examine o seu interior. Será que a cada dia você tem desenvolvido um coração mais humilde e quebrantado diante do Senhor ou tem dado espaço para o orgulho? Quando foi a última vez que você chorou na presença de Deus e o obedeceu sem questionar? Quando agradeceu até mesmo pelos nãos que recebeu dele?

Sabiamente, o salmista disse: "Sacrifício agradável a Deus é o espírito quebrantado; coração quebrantado e contrito, não o desprezarás, ó Deus" (Salmos 51.17, NAA). Seja humilde. Arrependa-se. Quebrante e derrame o seu coração diante do Senhor. Reconheça quem ele é e escolha todos os dias se proteger da incredulidade, ingratidão e orgulho.

Espiando a terra prometida: no deserto ou seguindo em frente

A certa altura da experiência dos israelitas no deserto, quando estavam prestes a tomarem posse da promessa, Deus ordenou a Moisés que enviasse doze homens, um de cada tribo, para observarem a terra para a qual estavam se dirigindo (Números 13.1-15). A missão deles era verificar a qualidade da terra, se era boa ou ruim; o tamanho da população local, se o povo que vivia lá era forte ou fraco; se as cidades eram sem muros ou fortificadas; avaliar a fertilidade do solo e trazer frutos daquele lugar (Números 13.16-20).

Partiram, obedecendo a ordem de Deus, e, ao retornarem com o relatório, dez deles apresentaram a seguinte declaração:

> E espalharam entre os israelitas um relatório negativo acerca daquela terra. Disseram: "A terra para a qual fomos em missão de reconhecimento devora os que nela vivem. Todos os que vimos são de grande estatura. Vimos também os gigantes, os descendentes de Enaque, diante de quem parecíamos gafanhotos, a nós e a eles". (Números 13.32,33)

Esse relato nos ensina que aqueles que estão presos à incredulidade sempre encontram uma desculpa que justifique sua falta de fé na tentativa de invalidar as promessas de Deus. Os dez espias concentraram-se nos possíveis impedimentos em vez de se firmarem nas palavras daquele que os tinha sustentado e defendido até ali. O medo não lhes permitiu ter uma real perspectiva do que Deus estava realizando em prol deles.

Por isso, não deixe de analisar onde está o seu foco, pois a visão pessimista é um forte indicativo de incredulidade. Aqueles homens preferiram acreditar nas circunstâncias, em vez de confiar no que o Senhor já havia prometido. Mas não parou por aí. O pessimismo deles era tamanho, que contagiou as demais pessoas que ouviram aquele relato.

Recentemente recebi uma mensagem de uma jovem que expressava sua desilusão em relação ao casamento. Ela dizia que havia perdido a esperança na possibilidade de ser feliz com um marido, tendo em vista o estado atual do mundo. Certamente, foi contaminada pelo que via e ouvia das circunstâncias ao redor.

Você consegue enxergar o impacto da incredulidade na vida de uma pessoa? Mas a palavra de Deus vale mais do que as nossas circunstâncias naturais. Se o Senhor nos prometeu, ele cumprirá, ainda que não faça sentido e que o nosso contexto pareça não cooperar. Escolha crer nas palavras que Deus já prometeu e não dar crédito às mentiras de Satanás.

Se o Senhor prometeu que nos daria a terra prometida, então é em direção a ela que temos de ir. Pare de querer voltar para o Egito (cf. Números 14.3b). Não deseje retornar de onde o Senhor a tirou. Conheço mulheres que não conseguem enxergar o seu valor e identidade em Deus e, por isso, acabam retornando e se submetendo a relacionamentos abusivos ou embarcando em novas relações que não condizem com o padrão divino para elas. Seguir em frente, olhando com esperança o futuro que o Senhor nos reservou, é a nossa melhor opção, pois a esperança nos ajuda a enfrentar o deserto como um lugar de passagem, e não como o fim do trajeto.

Complexo de inferioridade e autoimagem distorcida: inimigos da identidade divina

Algo que me intriga nessa história de Números é a maneira como os dez espias pessimistas se enxergavam. A passagem não esconde seu complexo de inferioridade:

> Mas os homens que tinham ido com ele disseram: "Não podemos atacar aquele povo; é mais forte do que nós". E espalharam entre os israelitas um relatório negativo acerca daquela terra. Disseram: "A terra para a qual fomos em missão de reconhecimento devora os que nela vivem. Todos os que vimos são de grande estatura. Vimos também os gigantes, os descendentes de Enaque, diante de quem parecíamos gafanhotos, a nós e a eles". (Números 13.31-33)

A incredulidade não apenas nos faz enxergar a nós mesmas de maneira inferior como também nos leva a acreditar que os outros compartilham dessa mesma visão, ainda que não seja verdade. Portanto, a forma como nos enxergamos desempenha um papel crucial em nossa identidade, pois somos moldadas pelo que acreditamos sobre nós. O livro de Provérbios nos alerta sobre isso dizendo que: "Assim como a água reflete o rosto, o coração reflete quem somos nós" (Provérbios 27.19).

Isso nos leva à verdade de que é essencial analisarmos a percepção que temos de nós mesmas e buscarmos corrigi-la se tendemos a nos depreciar ou nos exaltar diante das circunstâncias.

Você sabe bem: o que toca o nosso coração afeta a nossa identidade. Por isso a importância de protegermos o nosso coração. Jesus declarou que "a boca fala do que está cheio o coração" (Mateus 12.34b).

Quando permitimos que uma imagem distorcida acerca de nós

Se você pudesse descrever sua autoimagem em três palavras, quais seriam?

_____
_____
_____
_____

Quais são as três coisas que você acredita que os outros percebem de forma errada em você?

_____
_____
_____
_____

mesmas se enraíze em nosso coração, ela determina o nosso comportamento e acaba controlando a nossa identidade. Não podemos nos enxergar de forma equivocada e mentirosa.

Por outro lado, Josué e Calebe tiveram outra percepção da mesma situação que amedrontou os outros espias. Em meio ao desespero do povo diante do relatório negativo dos outros dez, repare no que eles declararam:

> Josué, filho de Num, e Calebe, filho de Jefoné, dentre os que haviam observado a terra, rasgaram as suas vestes e disseram a toda à comunidade dos israelitas: "A terra que percorremos em missão de reconhecimento é excelente. Se o SENHOR se agradar de nós, ele nos fará entrar nessa terra, onde manam leite e mel, e a dará a nós. Somente não sejam rebeldes contra o SENHOR. E não tenham medo do povo da terra, porque nós os devoraremos como se fossem pão. A proteção deles se foi, mas o SENHOR está conosco. Não tenham medo deles!". (Números 14.6-9)

A Bíblia nos conta que os doze estiveram no mesmo lugar simultaneamente, mas a perspectiva de Josué e Calebe foi completamente diferente da dos demais. A visão deles foi moldada pela palavra que Deus lhes dera. Enquanto os outros espias viram apenas obstáculos e desafios intransponíveis, Josué e Calebe enxergaram além das aparências, confiando nas promessas e no poder de Deus. Sua visão estava baseada na fé e na convicção de que Deus era fiel para cumprir o que havia prometido. Essa diferença de interpretação evidencia a importância de nos permitirmos ser influenciadas pela Palavra de Deus em nossa forma de pensar, enxergar e agir.

Isso significa que é fundamental entendermos a relevância de não construir nossa autoimagem com base nas opiniões, palavras e sentenças das outras pessoas, nem nos limitarmos às crenças negativas resultantes das nossas experiências passadas. Em vez disso, nossa identidade deve estar ancorada no que Deus pensa e diz a nosso respeito. Não se trata apenas de ouvir e aceitar essa verdade, mas de viver de acordo com ela, conforme nos adverte a Palavra: "Aquele que ouve a palavra, mas não a põe em prática, é semelhante a um homem que olha a sua face num espelho e, depois de olhar para si mesmo, sai e logo esquece a sua aparência" (Tiago 1.23,24).

Nesses versículos, Tiago faz uma comparação interessante ao descrever nosso relacionamento com Deus como o reflexo de alguém que se olha no espelho. Essa abordagem nos leva ao entendimento de que o espelho representa a Palavra de Deus, que reflete a nossa verdadeira identidade. Quando o nosso envolvimento com a Palavra é superficial, a compreensão de quem somos se torna limitada e logo nos esquecemos do que vimos. No entanto, quanto mais amamos a Palavra de Deus e criamos um vínculo genuíno com ela, incorporando seus ensinamentos como uma prática diária, mais essa identidade começa a se enraizar em nós de maneira profunda. Esse processo gradual vai destruindo todas as dúvidas e crises que possamos ter em relação à nossa autoimagem.

Embora os homens daquela missão compartilhassem do mesmo Deus e das mesmas promessas, ainda que tenham enfrentado as mesmas adversidades, apenas Josué e Calebe foram capazes de discernir sua verdadeira identidade e enxergaram-se da forma correta. Em outras palavras, o que os diferenciou foi a sua perspectiva e fé.

De maneira semelhante, Abraão, pela fé, compreendeu sua identidade em Deus e confiou nele. Tanto que, anos mais tarde, o apóstolo Paulo mencionou em Romanos.

> Abraão, contra toda esperança, em esperança creu, tornando-se assim pai de muitas nações, como foi dito a seu respeito: "Assim será a sua descendência". **Sem se enfraquecer na fé**, reconheceu que o seu corpo já estava sem vitalidade, pois já contava cerca de cem anos

> de idade, e que também o ventre de Sara já estava sem vigor. **Mesmo assim não duvidou nem foi incrédulo em relação à promessa de Deus, mas foi fortalecido em sua fé e deu glória a Deus, estando plenamente convencido de que ele era poderoso para cumprir o que havia prometido.** (Romanos 4.18-20, grifos da autora)

Eu não sei como foi seu passado. Não sei também como você se encontra neste exato momento. O que eu sei é que as temporadas podem mudar, nós podemos vacilar, mas o Senhor e sua Palavra permanecem os mesmos. As verdades divinas a seu respeito não mudaram; elas estão disponíveis hoje para você. Acredite no que o Senhor diz sobre sua identidade e futuro; encha-se da Palavra a ponto de enxergar tão claramente quem você é nele, que não haja espaço para a dúvida e a incredulidade.

Ao enxergarmos a nós mesmas pela perspectiva de Deus, encontraremos identidade, propósito e confiança em seu amor por nós e nos planos que estabeleceu a nosso respeito.

Abandonando as lembranças do passado e construindo uma vida de vitória

A Palavra nos garante em Isaías: "Vejam, estou fazendo uma coisa nova! Ela já está surgindo! Vocês não a reconhecem? Até no deserto vou abrir um caminho e riachos no ermo" (Isaías 43.19). Para nos libertarmos das amarras da incredulidade e avançarmos rumo à concretização das promessas divinas, será necessário nos desvencilharmos do velho para abraçarmos o novo de Deus. Deixe o passado de lado. Não se apegue ao que ficou para trás. Levante a cabeça, olhe para frente e permita que a graça, o amor e o confronto do Senhor lhe encontrem e coloquem tudo no lugar certo.

Essa passagem de Isaías nos lembra da fidelidade e do poder de Deus em trazer transformação e provisão em meio às circunstâncias mais difíceis. É um convite para confiar em Deus e estar aberta ao que ele está fazendo por você no presente. Reflita agora: O que o Senhor está trazendo de novidade para a sua vida neste exato momento e que talvez você não esteja conseguindo perceber por estar ocupada demais mirando e lamentando o passado?

Em Deus, tudo se faz novo. Não há nada que ele não possa transformar, restaurar ou criar. Mas acredite: muito mais do que mudar uma situação, o Senhor deseja mudar você.

Para isso, porém, você necessitará de fé. Não existe vida cristã sem fé. Afinal, a falta de fé é um empecilho para a própria salvação. Não é possível andar com Deus se não confiamos nele. Tudo o que ele disponibiliza para mim e para você nos será dado por meio da confiança que depositamos nele, pois o relacionamento entre o homem e Deus é fundamentado na fé. A Bíblia nos ensina que: "[...] o meu justo viverá pela fé. E, se retroceder, não me agradarei dele" (Hebreus 10.38). Ela também diz que: "'Tudo é possível àquele que crê'" (Marcos 9.23b).

Por isso, minha amiga, creia. A fé por si só não vale de muita coisa, mas a **fé em Deus** pode transformar tudo. Ela, conforme as Escrituras garantem, "[...] é a certeza de coisas que se esperam, a convicção de fatos que não se veem" (Hebreus 11.1, NAA). Isso quer dizer que a fé vai além da evidência física, apoiando-se na promessa proferida por aquele que não mente, não chega atrasado nem falha.

Quem sabe hoje você esteja com pouco estoque de fé ou quase nada, assim como os discípulos em tantas ocasiões? Pode ser que você esteja clamando como aquele homem de Marcos 9: "Senhor, me ajude a superar a minha incredulidade" (cf. v. 24). Seja qual for a situação, a resposta que Jesus deu aos discípulos é a mesma que dá a você: "Ele respondeu: 'Se vocês tiverem fé do tamanho de uma semente de mostarda, poderão dizer a esta amoreira: 'Arranque-se e plante-se no mar', e ela obedecerá'" (Lucas 17.6).

Encerro este capítulo motivando-a a escrever uma lista de frases que reforcem a sua identidade em Deus e as promessas que ele tem para você:

Em Cristo sou _____

Em Cristo sou _____

Em Cristo sou _____

Em Cristo sou _____

Em Cristo sou _____

Em Cristo sou _____

Deus me prometeu _____

_____

_____

_____

_____

_____

_____

_____

_____

_____

_____

_____

_____

_____

_____

CAPÍTULO
Medo

7

"NO AMOR NÃO HÁ MEDO;
PELO CONTRÁRIO O PERFEITO
AMOR EXPULSA O MEDO,
PORQUE O MEDO SUPÕE
CASTIGO. AQUELE QUE
TEM MEDO NÃO ESTÁ
APERFEIÇOADO NO AMOR."

— 1 JOÃO 4.18

Sentir medo é inevitável. Por isso mesmo, ao longo das Escrituras, encontramos tantas e tantas menções de: "Não temas", "Seja corajoso". Assim como a alegria e a tristeza, o medo é uma resposta natural a uma situação ameaçadora, perigosa ou desconhecida, que pode, inclusive, salvar a nossa vida.

O problema é quando ele passa a exercer domínio sobre nós. Sentir medo não nos torna covardes, mas nos entregarmos a esse sentimento sim. O medo tem o poder de nos paralisar e impedir de avançar. Por isso, devemos estar sempre alertas e dispostas a enfrentar todos os nossos temores por mais complexos e custosos que sejam.

Reconhecendo os medos que sentimos

Nesse processo de espera em Deus, é muito provável que o medo já tenha tentado dominá-la, não é mesmo? Por isso, elaborei uma lista de situações, a fim de que consiga analisar alguns temores. Caso essas opções representem um **medo** que você sentiu ou ainda sente, peço que marque um X:

( ) não se casar
( ) casar-se
( ) não ser aceita
( ) ser rejeitada
( ) solidão
( ) julgamentos
( ) não ser suficiente

( ) castigo de Deus

( ) abandono

( ) frustração

( ) fracassar

( ) algo novo, desconhecido

( ) machucar-se

( ) vulnerabilidade: abrir-se emocionalmente, demonstrar fraquezas

( ) compromisso

( ) repetir padrões

( ) dependência emocional

( ) perder a independência

( ) intimidade

( ) não ser feliz

( ) outro(s): _____

Sim, a lista é grande e você pode complementá-la com medos não mencionados. Agora, pare e os considere neste momento. Minha intenção aqui é levá-la a ter consciência do que pode estar paralisando você. Os medos são individuais e variam de pessoa para pessoa. Eles são influenciados por experiências do passado, pressões sociais, crenças pessoais, padrões de criação e relacionamentos, além de expectativas irreais.

Ao identificar um medo, com a ajuda de Deus e de pessoas espiritualmente maduras, você pode enfrentá-lo e dar passos em direção à liberdade.

Frustrações do passado: medos do presente

Em 2 Reis 4, a Bíblia nos conta sobre uma mulher rica que insistia em oferecer uma refeição ao profeta Eliseu sempre que ele passava por Suném. Mas ela não parou por aí. Decidiu, juntamente ao marido, construir um quarto para que o profeta ficasse hospedado durante as visitas à cidade. Como forma de gratidão por sua hospitalidade e consideração, Eliseu procurou alguma forma de recompensá-la:

> Eliseu mandou que Geazi dissesse a ela: "Você teve todo este trabalho por nossa causa. O que podemos fazer por você? Quer que eu interceda por você ao rei ou ao comandante do exército?" Ela respondeu: "Estou bem entre minha própria gente". (2 Reis 4.13)

Contudo, apesar de o profeta decidir retribuir sua bondade, a mulher simplesmente respondeu que não precisava de nada. Sejamos sinceras: quantas de nós, se estivéssemos no lugar dela e o profeta nos oferecesse algo em troca da nossa generosidade, não aproveitaríamos a oportunidade?

Se a mulher tivesse feito um pedido, não teria sido um problema. Isso nos ensina uma lição extremamente valiosa: a importância de nos aproximarmos de Deus por quem é, e não pelas bênçãos que pode nos proporcionar. Confesso que essa história sempre me faz refletir muito acerca da minha própria vida e minhas motivações: será que tenho caminhado com o Senhor por quem ele é ou tenho outros interesses? Quem eu amo mais: as bênçãos de Deus ou o próprio Deus?

OS MEDOS SÃO INFLUENCIADOS POR EXPERIÊNCIAS DO PASSADO, PRESSÕES SOCIAIS, CRENÇAS PESSOAIS, PADRÕES DE CRIAÇÃO E RELACIONAMENTOS, ALÉM DE EXPECTATIVAS IRREAIS.

Sempre que penso nisso me lembro da canção "Porque te amo"[1], do ministério Diante do Trono. Amo essa música e a

---

[1] VALADÃO, Ana Paula; TRONO, Diante do. In: VALADÃO, Ana Paula. **Renovo**. Minas Gerais: Onimusic, 2013. 1 CD. Faixa 12.

mensagem tão forte que ela carrega de nos relembrar do valor de se estar na presença de Deus independentemente do que ele possa fazer por nós:

> Eu não quero estar aqui por obrigação
> Eu não quero estar aqui por religião
> Eu só quero estar aqui porque te amo
>
> Eu não quero estar aqui pra fazer uma canção
> Eu não quero estar aqui pra pedir algo de tuas mãos
> Eu só quero estar aqui porque te amo.
>
> Porque te amo eu paro todas as coisas
> Porque te amo me prostro diante de ti
> Porque te amo escolho a boa parte
> Que é estar aqui
> Que é te adorar, Senhor
> Que é te ouvir
> Que é estar aqui
> Porque te amo
>
> Te amo, Senhor

Deus não precisaria nos dar nada. Ele já nos deu tudo por intermédio da Cruz, mas ainda assim, permanece revelando sua bondade e amor, abençoando-nos e cuidando de nós.

Foi o que aconteceu na história da sunamita e Eliseu:

> Mais tarde Eliseu perguntou a Geazi: "O que se pode fazer por ela?" Ele respondeu: "Bem, ela não tem filhos, e seu marido é idoso". Então Eliseu mandou chamá-la de novo. Geazi a chamou, e ela veio

até a porta. E ele disse: "Por volta desta época, no ano que vem, você estará com um filho nos braços". (2 Reis 4.14-16)

O Senhor conhecia o desejo dela de conceber um filho e usou a boca do profeta para trazer o milagre à tona. No entanto, ao ouvir a declaração do homem de Deus, novamente ela lhe deu uma resposta inesperada. Talvez, ainda que tivesse escutado o que mais queria, estava cansada e com medo de tantas tentativas falhas e desilusões, afinal ela respondeu: "'Não, meu senhor. Não iludas a tua serva, ó homem de Deus!'" (2 Reis 4.16b).

A negativa da sunamita nos leva a questionar: por que tratou a profecia com medo, e não com fé? Quem diz "não iludas" é a pessoa que, em geral, tem medo de ser enganada. Isso significa que, provavelmente, ela tinha um passado cujas frustrações haviam se transformado em medo.

> QUANDO NÃO TRATADAS, AS FRUSTRAÇÕES PODEM DAR ORIGEM À DESILUSÃO, QUE SE TORNA UM OBSTÁCULO PARA ENXERGARMOS O FUTURO COM ESPERANÇA.

Embora a Bíblia não afirme com todas as letras que ela era estéril, é muito provável que aquela mulher ou o marido sofressem dessa condição, afinal de contas ele era um homem idoso e o casal não tinha filhos. Na cultura da época, a falta de descendência era considerada uma maldição ou ausência da bênção de Deus.

Esse relato nos faz ponderar sobre um sentimento frequentemente experimentado depois de gerarmos expectativas sobre algo que não se concretizou: a **frustração**. Quando não tratadas, as frustrações podem dar origem à desilusão, que se torna um obstáculo para enxergarmos o futuro com esperança, conforme lemos em Provérbios: "A esperança que se retarda deixa o coração doente" (13.12a).

A resposta da sunamita revela uma dor emocional significativa causada pela frustração e pelo medo de esperar intensamente por algo que nunca se realiza.

Não permita que isso aconteça com você. Jamais deixe que as frustrações roubem a sua capacidade de sonhar e crer nas promessas divinas. Falhamos quando nos entregamos totalmente à dor e nos aprisionamos na angústia, acreditando que não há mais jeito e que tudo está perdido. Entretanto, isso poderia ser diferente se decidíssemos transformar os dias sombrios nos capítulos mais importantes do nosso testemunho.

Como filhas de Deus, devemos decidir verdadeiramente nos levantar e enxergar a situação por uma nova perspectiva. Precisamos crer que, com a ajuda divina, o desfecho da nossa história terá um final digno e feliz.

Se as coisas não deram certo até agora, não significa que permanecerão assim para sempre. As frustrações do passado nunca podem ser maiores que a nossa fé no presente. Acreditar em Deus e em suas promessas sempre deverá ser maior do que todo e qualquer desafio que está diante de nós.

Posicionamento: fé + ação

A personagem de 2 Reis 4 parecia perdida e esquecida por Deus em sua frustração. Contudo, a Bíblia relata uma reviravolta na história daquele casal — a profecia de Eliseu, de fato, cumpriu-se: "Mas, como Eliseu lhe dissera, a mulher engravidou e, no ano seguinte, por volta daquela mesma época, deu à luz um filho" (v. 17).

Veja que notícia impactante. O menino nasce, experimenta um crescimento saudável e próspero. Tudo parecia estar bem, até que um dia ele foi acometido por uma terrível dor de cabeça e, tragicamente, morre nos braços da mãe.

Que situação complexa. E mais uma vez nos pegamos envolvidas em novos questionamentos: quem deu o filho para aquela mulher? Foi Deus. Quem lhe fez a promessa de gerar um filho? Foi o Senhor por meio do profeta Eliseu. Como alguém presenteado por Deus poderia adoecer e morrer? Qual o propósito disso?

A resposta para essas perguntas mora na soberania de Deus. Ele pode conceder algo precioso, mas isso não significa que estaremos isentas de enfrentar provações ao longo do caminho.

O fato de Deus ter nos dado uma linda família, um casamento incrível, filhos maravilhosos, um excelente emprego, uma vocação, um chamado específico e tantas outras boas dádivas não quer dizer que não teremos problemas, crises e possíveis adversidades.

O FATO DE HAVER UM PROBLEMA NÃO SIGNIFICA NECESSARIAMENTE QUE NÃO EXISTA UMA PROMESSA.

Curiosamente, temos a tendência de associar contratempos e dificuldades com a ausência da intervenção divina. Mas não. Deus, em sua infinita bondade e amor, é capaz de usar até mesmo os obstáculos como parte do nosso processo de amadurecimento e aprendizado.

Sermos abençoadas e favorecidas por Deus não nos torna imunes às dores da vida. Embora o Senhor seja bom e amoroso, a Palavra nos garante que teríamos aflições enquanto estivéssemos neste mundo. Isso não diminui a fidelidade dele nem anula suas promessas, mas nos convida a confiar e a aprender lições valiosas durante os momentos difíceis. Em outras palavras, nem toda luta que encaramos é sinal de oposição vinda do Céu, assim como nem toda porta fechada indica a ausência de Deus (cf. Apocalipse 3.8), pois tanto em uma quanto em outra situação, ele continua no controle.

Naquele momento doloroso, a mulher sunamita agiu como eu e você deveríamos fazer nas adversidades: subiu ao quarto do homem de Deus, deitou o menino na cama, fechou a porta e saiu ao encontro do profeta. Ela não abriu uma cova precocemente, não se desesperou e pediu socorro aos vizinhos, nem mesmo chorou o filho morto com sua família. Ela levou o problema a quem poderia resolvê-lo.

Ao se encontrar com o profeta Eliseu, as Escrituras narram o seguinte acontecimento: "E disse a mulher: 'Acaso eu te pedi um filho, meu senhor? Não te disse para não me dar falsas esperanças?'" (2 Reis 4.28). Ali, diante do homem de Deus, aquela mulher abriu o coração com coragem e sinceridade expressando sua frustração e revelando o medo persistente pelo desfecho incerto. Isso também é um exemplo para nós.

Precisamos ser mais honestas conosco e com Deus e reconhecer que ele é capaz de acolher a nossa sinceridade e derramar a cura e restauração que necessitamos. Para isso, no entanto, teremos que nos abrir.

Em Gênesis, Deus sabia onde Adão estava depois da Queda, mesmo assim perguntou: "'Onde está você?'" (3.9b). No evangelho de Marcos, nós nos deparamos com Jesus perguntando ao cego Bartimeu: "'O que você quer que eu lhe faça?' [...]" (10.51). As respostas a essas perguntas não são tão importantes para ele quanto são para nós. Talvez o cego não tivesse onde morar, por exemplo, e poderia ter desejado pedir qualquer coisa a Jesus, inclusive uma casa, mesmo sem enxergar. Contudo, ele pediu aquilo que mais necessitava, e Cristo o atendeu e o curou de sua cegueira.

Responder audivelmente a essas perguntas também nos traz consciência do nosso estado atual: "Eu quero ver" revela cegueira. Adão, ao responder, mostrou sua condição depois do pecado: "Ouvi teus passos no jardim e fiquei com medo, porque estava nu; por isso me escondi".

Não importa a situação em que você se encontra hoje, o conselho é o mesmo: não tenha medo. Abra o seu coração e derrame-o diante do Senhor. Compartilhe situações em que tenha se sentido com medo, triste e frustrada, como a mulher sunamita. Quem sabe neste exato momento, você esteja se sentindo injustiçada, cansada e frustrada por esperar tanto tempo por algo que nunca se tornou realidade, mesmo sendo tão fiel a Deus todos esses anos. Diga isso a ele! Ou talvez esteja deprimida e sem esperança por ter perdido o seu marido ou um bebê. Não hesite em expressar isso diante do Pai! Ou ainda é provável que esteja à espera de um sinal, uma resposta, ou da transformação ou restauração do seu casamento, mas não vê progresso algum. Expresse isso a Deus sem reter nada. Você pode até ser uma mãe solteira e ter assumido inúmeras responsabilidades, questionando-se várias vezes se Deus tem visto a sua carga pesada enquanto seus filhos crescem sem pai. Quero encorajá-la a expressar tudo ao Senhor; não deixe nada guardado.

Tenha certeza de que ele ama a sinceridade e quer saber o que você sente. Diante disso, gostaria que respondesse a dois questionamentos agora, como se o próprio Deus estivesse lhe perguntando:

Onde está você? _____

O que você quer que eu faça? _____

A história da mulher Sunamita continua, e o seu desfecho foi ainda mais impressionante do que o seu início. A bênção repousou em um lar que abriu espaço para o Senhor; uma família testemunhou o milagre de gerar um filho; esse menino nasceu, morreu, mas ressuscitou:

> Então, deitou-se sobre o menino, boca a boca, olhos com olhos, mãos com mãos. Enquanto se debruçava sobre ele, o corpo do menino foi

se aquecendo. Eliseu levantou-se e começou a andar pelo quarto; depois subiu na cama e debruçou-se mais uma vez sobre ele. O menino espirrou sete vezes e abriu os olhos. (2 Reis 4.34,35)

A última lição que aprendo com essa narrativa de 2 Reis é a necessidade de nos posicionarmos. Não basta reclamarmos diante de Deus nossas frustrações, temos de ouvir o que ele tem a nos dizer também e nos posicionar em fé, dependência e confiança nele. Essa é a fórmula infalível para combater a frustração: **fé + ação**.

No evangelho de Lucas, Jesus disse à mulher com a hemorragia: "'Filha, a sua fé a curou! Vá em paz'" (8.48b). Por causa da fé, muitos receberam não apenas o que buscavam, mas além. Quando estiver triste, frustrada ou com medo, vá até quem pode curá-la, restaurá-la e resolver o seu problema. Deposite suas lágrimas e sentimentos aos pés de Cristo, mas deixe ali também a sua fé, mesmo que pequena.

EXISTE UMA FÓRMULA INFALÍVEL PARA COMBATER A FRUSTRAÇÃO: FÉ + AÇÃO.

Enquanto estava esperando em Deus para me casar, o medo aproximou-se de mim em certos momentos. Algumas pessoas diziam: "Thayse, você é muito romântica. Não existem príncipes em cavalos brancos. Cuidado para não sonhar alto demais, pois, quanto mais alto o sonho, maior será o tombo".

Confesso que, nos dias em que a minha fé não estava tão fortalecida, faltou muito pouco para eu acreditar em mentiras como essa. Muito pouco mesmo. Não quero iludi-la e afirmar que todos os dias teremos uma fé vigorosa e firme, ou que não haverá um dia em que você não precisará fazer um esforço maior para confiar, pois isso não vai acontecer. Contudo, será exatamente nesses momentos que teremos a oportunidade de escolher entre nos render às circunstâncias ou confiar plenamente no Pai celestial. Sempre escolhi a segunda opção. Eu dizia a ele: "Pai, hoje é um dia perfeito para o seu poder se aperfeiçoar em mim, pois estou muito fraca" — fazendo menção a 2 Coríntios 12.9: "Mas ele me disse: 'Minha graça é suficiente a você, pois o meu poder se aperfeiçoa na fraqueza'. Portanto, eu me gloriarei ainda mais alegremente em minhas fraquezas, para que o poder de Cristo repouse em mim".

Se pensássemos bem, essa deveria ser a nossa oração todos os dias, e não apenas nos dias em que nos sentimos fracas. Stormie Omartian, em seu livro *Escolha o amor e mude o curso de sua vida*, afirma:

> Observamos penosamente nossas fraquezas, carências ou fracassos. Deus vê tudo isso também, mas não de forma tão negativa.
>
> Por exemplo, Deus vê sua fraqueza como oportunidade para você confiar em que ele a fortaleça. Quando submetida a Deus, sua fraqueza a capacita a receber dele uma força maior que qualquer outra coisa que você poderia ter sem ele.
>
> Deus vê sua carência como uma possibilidade de você recorrer a ele e declarar que depende dele, para que ele supra todas as suas necessidades.
>
> Deus vê seu fracasso como um convite para que você ande bem perto dele, para que ele a habilite a realizar aquilo que você não pode começar sozinha.
>
> Se você não tem certeza disso, eu a convido a buscar a Deus mais do que o buscou antes e passar a conhecê-lo melhor.
>
> Quanto mais você souber quem Deus realmente é, mais reconhecerá quanto necessita dele. E é sempre bom necessitar dele.[2]

Não podemos evitar sentir medo, mas podemos aprender a lidar com ele. Você já compreendeu que, para vencer o medo e as frustrações, necessita:

---

[2] OMARTIAN, Stormie. **Escolha o amor e mude o curso de sua vida.** 1. ed. São Paulo: Mundo Cristão, 2015. p. 14.

- reconhecer quais são os seus medos;
- entender que as frustrações do passado não precisam definir o seu futuro;
- não se entregar ao sofrimento, mas posicionar-se e se lembrar da equação **fé + ação**;
- deixar que Deus aja em você e aperfeiçoe o poder dele em sua fraqueza.

Conhecendo e aceitando o amor de Deus

Podemos ler sobre o amor de Deus, falar e pensar nele, mas isso não significa que decidimos aceitá-lo. Receber o amor divino é uma escolha que implica aproximar-se do Senhor, passar tempo em sua presença, abrir seu coração, querer conhecê-lo, desejar se parecer com ele e buscar entender a sua pessoa. Posso lhe assegurar que essa decisão mudará radicalmente a sua vida. Nada pode nos satisfazer ou preencher como ele.

Por isso, quero finalizar este capítulo relembrando a você de verdades bíblicas profundas. O Senhor lhe diz: "[...] 'não tema, **pois estou com você**; não tenha medo, **pois sou o seu Deus. Eu o fortalecerei e o ajudarei; eu o segurarei com a minha mão direita vitoriosa.** [...] Pois eu sou o Senhor, o seu Deus, que o segura pela mão direita e lhe diz: **Não tema; eu o ajudarei**'" (Isaías 41.10-13 – grifos da autora).

Agora, quero que leia em voz alta o que está em Isaías 43.1-4, acrescentando o seu nome e ouvindo Deus dizer essas palavras para você com clareza:

> Mas agora assim diz o Senhor, aquele que a criou, ó [seu nome], aquele que a formou, ó [seu nome]: "Não tema, pois eu a resgatei; eu a chamei pelo nome; você é minha. Quando você atravessar as águas, eu estarei com você; quando você atravessar os rios, eles não

a encobrirão. Quando você andar através do fogo, você não se queimará; as chamas não a deixarão em brasas. Pois eu sou o Senhor, o seu Deus, o Santo de Israel, o seu Salvador; [...]. Visto que você é preciosa e honrada à minha vista, e porque eu a amo, darei homens em seu lugar, e nações em troca de sua vida". (Intervenções da autora)

Preciosa, honrada e **amada** — é assim que Deus a vê. Não importa quanto você tenha lutado com os sentimentos de medo e frustração, poderá sempre encontrar coragem e esperança no amor incondicional de Deus. Ele nos capacita a enfrentar os temores, os desafios, a superar os obstáculos e a encontrar a paz que excede qualquer entendimento humano.

Que essas verdades nos fortaleçam e nos inspirem a viver uma vida cheia de ousadia, esperança e confiança nele, pois como a sua Palavra diz: "No amor não há medo; pelo contrário o perfeito amor expulsa o medo, porque o medo supõe castigo. Aquele que tem medo não está aperfeiçoado no amor" (1 João 4.18). Hoje, mais que qualquer coisa, a minha oração é para que você seja encontrada e aperfeiçoada por esse amor.

CAPÍTULO

Pureza sexual

"POIS A VONTADE DE DEUS
É A SANTIFICAÇÃO DE VOCÊS:
QUE SE ABSTENHAM DA
IMORALIDADE SEXUAL."
— 1 TESSALONICENSES 4.3

Durante dez anos da minha vida, tive o privilégio de liderar jovens em minha igreja local. Entre as atividades e reuniões voltadas para a juventude, sempre reservei tempo dedicado para ministrar e discipular moças. Realizava alguns encontros para tratarmos assuntos específicos e direcionados a elas. Esses momentos se expandiram tanto, que decidimos promover um seminário anual de jovens solteiras.

Em uma das edições daquele evento, enquanto me preparava para ministrar, busquei direção do Senhor sobre o que ele gostaria de compartilhar conosco. Foi quando tive um sonho. Nele eu me encontrava na casa de um conhecido. Caminhei rumo a um dos quartos e, ao chegar à porta, notei que havia uma decoração feminina, como se eu soubesse que pertencia a uma amiga específica. Pensei que a encontraria por ali, mas ela não estava. Entrei no quarto, chamando por seu nome, mas continuei sem resposta.

Ao observar o cômodo, fui atraída pela bagunça da cama. "Vou dobrar os lençóis para ela, não custa nada", pensei. Quando levantei a manta e o lençol para dobrar, levei um susto! Debaixo deles havia um bicho morto, parecido com um lagarto de porte médio, cheio de pequenas baratas comendo aquela carne, que já parecia estar podre por causa das pequenas larvas. O cheiro era horrível e a cena pior ainda. Então acordei.

Durante o dia inteiro, as imagens daquele sonho permaneceram vivas em minha mente. Mesmo após muitos anos, enquanto escrevo isto, ainda consigo recordar com muita facilidade dos detalhes.

Sempre que tenho sonhos nítidos como esse, que ficam vivos dentro de mim depois de bastante tempo, sei que, com certeza, vieram da parte de Deus, não do meu subconsciente. Entretanto, aquele sonho não fazia muito sentido para mim. "O que o Senhor quis me mostrar por meio desse sonho, Pai? Por favor, traga-me o entendimento claro, pois não estou conseguindo compreender", eu orava a Deus. Naqueles dias, lembrei-me de uma tia, uma grande mulher de Deus, que morava em outro estado. Liguei para ela e lhe contei o sonho. Então, dirigida pelo Espírito Santo, ela me explicou o que o Senhor estava me mostrando.

O quarto é um lugar de intimidade, o cantinho da casa onde revelamos quem somos; nele nos despimos de máscaras e defesas. É um espaço privado, no qual não permitimos a entrada de qualquer pessoa. Assim, o Senhor me disse por meio da minha tia: "Pergunte às minhas filhas o que fazem depois que a porta do quarto se fecha e ficam sozinhas com o celular na mão, debaixo das cobertas". A presença do animal morto simbolizava o pecado, já as baratas representavam sujeira e impureza. Foi um choque para mim. Estremeci diante daquela revelação.

Depois dessa conversa, intensifiquei a vigilância, reforcei a disciplina no jejum e me preparei ainda mais, ciente de que tratar desse assunto não seria tão fácil, especialmente durante um seminário. No dia da minha ministração, assim que compartilhei tudo o que Deus havia posto no meu coração, fiz um convite especial àquelas que desejavam confessar, arrepender-se e se libertar de pecados, como a masturbação e a pornografia. Sentíamos a graça, a presença de Deus e uma unção incomum sobre nós naquela noite, pois o Pai desejava perdoar, curar e libertar aquelas jovens.

Para a minha surpresa e alegria, mais da metade delas se levantou e foi à frente. Sem que eu tivesse dado qualquer orientação, elas se ajoelhavam quando se aproximavam do altar. Testemunhei mãos erguidas e olhos cheios de lágrimas que expressavam um clamor desesperado de socorro. Enquanto o louvor preenchia o ambiente, dirigi-me até elas para orar. Ao caminhar entre os espaços apertados, ouvia o clamor de algumas: "Liberta-me dessa sujeira, Jesus", "Sozinha eu não consigo, Pai", "Perdoa-me, Senhor". Jamais me esquecerei daquela cena.

Quando me preparava para escrever este capítulo do livro, escutei claramente o Espírito Santo falar comigo: "Comece pelo sonho". Prontamente atendi e aqui estamos. Acredito que Deus não queria apenas perdoar, curar e libertar aquelas jovens, mas também deseja fazer o mesmo por você, que reconhece a necessidade da intervenção divina para vencer nessa área da vida.

A Criação

Para aprofundar o assunto sobre pureza sexual, gostaria de voltar à narrativa da Criação. Em Gênesis, quando Deus criou o homem e a mulher, ordenou-lhes que enchessem a Terra: "Deus os abençoou, e lhes disse: 'Sejam férteis e multipliquem-se! Encham e subjuguem a terra! [...]'" (Gênesis 1.28).

Essa multiplicação só acontece por meio da relação sexual, uma vez que foi o próprio Deus quem criou o sexo. Ao formar o corpo humano, acrescentou órgãos projetados para proporcionar prazer e êxtase no ato sexual, tanto para o homem quanto para a mulher. De forma minuciosa, os órgãos genitais feminino e masculino foram desenhados um para o outro, a fim de se encaixarem perfeitamente na relação sexual. Portanto, o desejo sexual faz parte da intenção original de Deus e sempre foi bom.

O sexo é uma dádiva divina, não uma coisa do Diabo, como alguns podem pensar. O Senhor deseja que desfrutemos do prazer sexual, mas da maneira correta: dentro da aliança e compromisso seguro do casamento.

A Queda: desequilíbrio físico, emocional e espiritual

Depois da queda de Adão e Eva, o pecado entrou no mundo e trouxe consigo distorções desses desejos e relacionamentos. A Bíblia chama essa conduta de **imoralidade sexual,** que abrange todas as práticas sexuais fora do padrão estabelecido por Deus e, por isso mesmo, são consideradas pecaminosas. As Escrituras deixam claro esse princípio: "O casamento deve ser honrado por todos; o leito conjugal, conservado puro; pois Deus julgará os imorais e os adúlteros" (Hebreus 13.4).

Vejamos algumas imoralidades sexuais descritas na Palavra, condenadas pelo Senhor:

- adultério — relação sexual entre uma pessoa casada e outra que não seja o seu cônjuge (cf. Provérbios 6.32);
- fornicação — relação sexual antes do casamento, incluindo todo tipo de promiscuidade sexual (cf. Êxodo 22.16);
- prostituição — relação sexual em troca de benefício material, como algum valor financeiro (cf. 1 Coríntios 6.15);
- estupro — relação sexual sem o consentimento da outra pessoa (cf. Deuteronômio 22.25-29);
- homossexualidade — relação sexual entre pessoas do mesmo sexo (cf. Romanos 1.27);
- incesto — relação sexual com pessoas que possuem grau de parentesco próximo (cf. Levítico 20.19);
- bestialidade — relação sexual com animais (cf. Deuteronômio 27.21).

Além disso, gostaria de mencionar mais algumas que parecem ser os maiores desafios para quem está esperando em Deus.

A primeira delas é a **masturbação,** o ato de proporcionar prazer sexual a si mesma. Muito embora essa palavra não esteja na Bíblia, conseguimos compreender que devemos nos realizar sexualmente dentro do casamento, não sozinhas. Enquanto Deus diz: "[...] 'Não é bom que o homem esteja só; farei para ele alguém que o auxilie e lhe corresponda'. [...] Por essa razão, o homem deixará pai e mãe e se unirá à sua mulher, e eles se tornarão uma só carne" (Gênesis 2.18-24), Satanás diz: "Você não precisa de ninguém para se satisfazer, é dona da sua vida. Não dependa de ninguém para lhe dar prazer".

A masturbação é uma prática extremamente orgulhosa e egoísta, que despreza os princípios divinos. Observe o que a Palavra afirma sobre isso: "A esposa não tem poder sobre o seu próprio corpo, e sim o marido; e, de igual modo, o marido não tem poder sobre o seu próprio corpo, e sim a esposa" (1 Coríntios 7.4, NAA). Esse versículo nos mostra que o sexo criado por Deus se destina a ser compartilhado com o cônjuge, não praticado de forma individual.

> A MASTURBAÇÃO É UMA PRÁTICA EXTREMAMENTE ORGULHOSA E EGOÍSTA, QUE DESPREZA OS PRINCÍPIOS DIVINOS.

Além disso, vale considerar que normalmente a masturbação é praticada enquanto a mente está cheia de pensamentos eróticos e fantasias sexuais. A estimulação própria torna-se resposta a esses pensamentos, uma vez que não há outra pessoa envolvida para buscar satisfação.

Se você ainda não se casou e está presa nesse pecado, provavelmente tem pensamentos enganosos e ilusórios como: "Quando eu me casar, eu paro de me masturbar" ou "Faço isso só porque não tenho um marido". Por ter sido uma deturpação de Satanás, a masturbação pode se tornar facilmente um vício, além de ser usada como estratégia para substituir o sexo dentro do casamento, com a falsa desculpa de que o cônjuge não consegue satisfazê-la plenamente.

Antes de abordar algumas formas de evitar ou buscar libertação dessa prática, é importante mencionar outra ferramenta do Inimigo que tem causado danos significativos na vida de muitas pessoas e consequentemente em muitos casamentos: a **pornografia**. Esta abrange diversos tipos de conteúdo de natureza sexual, cujo objetivo é provocar a excitação.

Há quem pense que a pornografia é um problema exclusivo dos homens, mas isso não é verdade. Muitas mulheres também têm se tornado cada vez mais reféns da indústria pornográfica.

Diariamente somos expostos a inúmeras imagens que sugerem insinuações sexuais, sensualidade e nudez parcial. Essas representações constantemente aparecem em redes sociais, propagandas, filmes e outros meios de comunicação. Nossa cultura está impregnada da cosmovisão anticristã, que promove com facilidade o que é imoral e obsceno. Muitas vezes, essas influências parecem até inofensivas, mas na realidade são uma forma de *soft porn*. Em outras palavras, um convite intencional para a pornografia.

Ao aceitar esse primeiro contato, de início a pessoa recebe uma liberação de dopamina, o neurotransmissor do prazer. Contudo, quando menos espera, pode se tornar dependente; começa consumindo pequenas doses, mas, com o tempo, precisa de porções cada vez maiores, como é comum em todos os vícios. Muitos estímulos geram a necessidade de mais dopamina e, consequentemente, causam uma busca intensa por novidades.

Não aprofundarei muito o tema, mas existem diversos artigos e estudos científicos — puramente científicos — que comprovam os efeitos devastadores da pornografia no cérebro humano. Essas pesquisas demonstram como esse vício afeta, até mesmo a forma de pensar, a percepção visual, as condutas e principalmente as consequências trágicas no âmbito sexual.

Toda imoralidade sexual é uma forma de satisfazer nossos ídolos, que se manifestam como carências distorcidas e desenfreadas. Após a Queda, perdemos de vista o plano original divino e passamos a valorizar a imoralidade sexual. Então, passamos a ignorar os limites que ele estabeleceu para que desfrutássemos da relação sexual com segurança. Nesse processo, fizemos do sexo um ídolo, um deus em nossa vida, e o colocamos acima do próprio Deus.

Algumas pessoas se agarram ao pensamento equivocado de que o Senhor gosta de tolher a nossa liberdade quando nos orienta à prática do sexo somente dentro do casamento. No entanto, deveriam compreender que existe uma razão para isso. A principal delas é que Deus deseja que vivamos a plenitude da experiência sexual que ele criou e quer nos proporcionar.

Sexo é o elo de maior intimidade entre um homem e uma mulher, em que ocorre uma profunda conexão e vulnerabilidade mútua. É um encontro físico em que duas pessoas se tornam uma. O Senhor quer que desfrutemos disso, mas dentro de uma aliança duradoura, no contexto do casamento, num ambiente de família, com segurança, responsabilidade e compromisso.

Entretanto, Satanás tentará convencer-nos de que não há problema em nos envolvermos sexualmente sem compromisso com alguém, mas isso é apenas mais uma de suas mentiras. A verdade é que, quando alguém pratica sexo antes do casamento, envolve-se de corpo, alma e espírito; prova disso é que a pessoa continua sentindo uma carência interior, pois o vazio emocional não é preenchido por essa prática enganosa.

Esses atos de imoralidade sexual são falsos ídolos que não nos satisfazem. Embora possam parecer prazerosas inicialmente, quando nos encontramos presas em um ciclo vicioso, nunca ficaremos plenamente saciadas e continuaremos buscando mais. À medida que nos emaranhamos nesse caminho, descendo o nível para o fundo do poço, percebemos que a pornografia ou as experiências sexuais passadas já não nos satisfazem mais hoje. Sentimos a necessidade de consumir conteúdos cada vez mais pesados de pornografia para obter a mesma sensação de prazer.

Lembro-me das palavras de Paulo em Romanos:

> Porque, tendo conhecido a Deus, não o glorificaram como Deus, nem lhe renderam graças, mas os seus pensamentos tornaram-se fúteis e o coração insensato deles obscureceu-se. [...] **Por causa disso Deus os entregou a paixões vergonhosas.** Até suas mulheres trocaram suas relações sexuais naturais por outras, contrárias à natureza. Da mesma forma, os homens também abandonaram as relações naturais com as mulheres e se inflamaram de paixão uns pelos outros. Começaram a cometer atos indecentes, homens com homens, e receberam em si mesmos o castigo merecido pela sua perversão. (1.21-27 – grifo da autora)

Essa passagem demostra claramente as consequências da queda da humanidade e o impacto do pecado na vida de uma pessoa. Conforme nos afundamos cada vez mais nesse trajeto, destruímos algo que Deus criou para ser bom e saudável. Ao se entregar ao pecado, o ser humano passa a distorcer o sentido e razão do que o Senhor estabeleceu e criou, e começa a desprezar as suas leis. Assim, acabam criando seus próprios ídolos e regras, perdendo a capacidade de louvar a Deus e se tornando espiritualmente insensíveis. Por estar com o coração tão endurecido, o Senhor lhe entrega às suas próprias iniquidades. O pecado, portanto, não apenas corrompe a vida, também rouba a identidade do indivíduo.

Ao tratar do poder do pecado sobre a nossa vida, não tenho a intenção de trazer condenação, mas luz e consciência para algo que, muitas vezes, podemos desconhecer as consequências. É por esse motivo que desejo dar um destaque ainda maior para o que ocorreu depois da Queda: a redenção em Jesus.

A Redenção: buscando um novo modo de vida

A Bíblia revela a maravilhosa verdade da redenção por meio de Jesus Cristo:

> Pois ele nos resgatou do domínio das trevas e nos transportou para o Reino do seu Filho amado, em quem temos a redenção, a saber, o perdão dos pecados. (Colossenses 1.13,14)

> [...] Pois todos pecaram e estão destituídos da glória de Deus, sendo justificados gratuitamente por sua graça, por meio da redenção que há em Cristo Jesus. (Romanos 3.23,24)

Que presente e honra saber que, em Jesus, somos redimidas, libertas e reconciliadas com Deus. Ele nos salvou do domínio do pecado e nos proporcionou a libertação e a restauração do nosso relacionamento com o Pai.

Não é à toa que o Evangelho também é chamado de Boas Novas. Por isso, com grande alegria, compartilho com você uma notícia sublime: a redenção em Jesus nos torna livres. Isso quer dizer que não há vício que não possa ser redimido. Deus tem o poder e o desejo de restaurar todas as coisas, até mesmo os desejos sexuais, para que sejam reordenados para a honra e a glória dele. Apegue--se à essa verdade hoje. Confesse, arrependa-se de seus pecados e receba perdão imediato. Provérbios diz:

> Quem esconde os seus pecados não prospera, mas quem os confessa e os abandona encontra misericórdia. (28.13)

Existe misericórdia à sua espera. Não tenha vergonha. Não tenha medo. Apenas corra em direção ao Senhor e permita que ele coloque tudo em ordem dentro de você.

> COLOQUE DEUS NO CENTRO DA SUA VIDA E TODAS AS COISAS IRÃO PARA O DEVIDO LUGAR.

Há uma transformação profunda em nossa mente e coração quando priorizamos o Senhor e o relacionamento com ele. A verdade ganha espaço em nosso interior, reorganiza paixões e pouco a pouco vai nos levando ao entendimento de que a mensagem da Cruz é valiosa e de que o sangue de Jesus é poderoso para nos libertar do que quer que seja. Essa revelação — aliada ao temor de Deus — torna o seu amor muito mais atrativo do que o desejo de pecar.

Se você está presa nesse pecado ou tem recaídas, isso significa que está amando mais seus próprios ídolos do que o Senhor. Em outros termos, o convite da carne tem sido mais atrativo do que o convite da Cruz. Acerca desse ponto, o apóstolo Paulo nos alertou: "Não se amoldem ao padrão deste mundo, mas **transformem-se pela renovação da sua mente**, para que sejam capazes de experimentar e comprovar a boa, agradável e perfeita vontade de Deus" (Romanos 12.2 – grifo da autora). Para experimentarmos a vontade de Deus, precisamos de uma mudança de mentalidade, uma transformação interior que nos leve a viver de acordo com os princípios e valores do Reino de Deus.

Essa mudança ocorre à medida que andamos com o Senhor e permitimos que a Palavra renove a nossa maneira de enxergarmos o mundo — que consequentemente impactará nossas atitudes, crenças e comportamentos. É por essa razão que eu nunca simpatizei muito com a máxima: "Nós nos convertemos, mas nossos hormônios não. O que eu faço com eles?". Mas os hormônios não fazem parte de nós? Se é assim, a redenção também precisa alcançá-los. Portanto, em vez disso, prefiro a frase: "Hormônio não é demônio". Já compreendemos que o desejo sexual é algo natural e bom, mas, enquanto aguardamos o momento adequado, devemos aprender a controlá-los.

Quero que pense em uma situação hipotética em que você está andando na rua e de repente sente uma vontade natural e básica de fazer o "número 2". O local apropriado e seguro para fazer suas necessidades é o banheiro, mas você sentiu vontade de fazê-las enquanto caminhava na rua. O que você faz? Abaixa as calças e faz ali mesmo ou controla a vontade, segurando o desejo até chegar ao toalete mais próximo? Tenho certeza de que sua resposta foi a segunda opção. E por que não a primeira? Pois acredito que entre as muitas razões que poderíamos citar, você tem motivos maiores para não querer que ninguém veja sua intimidade nem presencie uma cena medonha. Da mesma forma são os desejos sexuais: você não cede a eles, porque há motivos maiores para não fazer do que para fazer fora do local e do momento seguro instituído por Deus.

É essencial refletir sobre o seguinte ponto: você sente desejo sexual vez por outra ou especialmente quando está no período fértil — a fase do ciclo menstrual da mulher em que os hormônios e o desejo estão mais aflorados. Se não está casada e não tem marido, o que você pode fazer nessas situações? Aqui está o "x" da questão: tudo começa na mente. Quando esses desejos surgem, como você alimenta seus pensamentos? Procura tomar cuidado em direcionar sua mente para fazer outras atividades?

Os pensamentos são como ônibus quando estamos em uma parada. Não podemos impedir que eles passem por onde estamos, mas podemos escolher em qual deles entramos ou não. Repare no que Jesus disse sobre isso: "Eu, porém, lhes digo: todo o que olhar para uma mulher com intenção impura, já cometeu adultério com ela no seu coração (Mateus 5.28, NAA)". O Mestre nos ensina que somente o pensamento ou a intenção de cometer algo impuro já é considerado pecado.

Algumas mulheres ainda são virgens, mas têm a mente tomada por pensamentos impuros, e enganam-se achando que por nunca haverem se deitado com um homem são puras. Virgindade não é o mesmo que pureza sexual — deveria ser, mas muitas vezes não é. Do mesmo modo, existe a mulher que já teve uma vida sexual ativa e, portanto, possui experiências sexuais, mas encontrou Jesus, teve a mente renovada, abandonou a prática e hoje vive em santidade e pureza.

Como mencionei em um dos capítulos, o apóstolo Paulo nos instrui a como pensar: "Finalmente, irmãos, tudo o que for verdadeiro, tudo o que for nobre, tudo o que for correto, tudo o que for puro, tudo o que for amável, tudo o que for de boa fama, se houver algo de excelente ou digno de louvor, pensem nessas coisas" (Filipenses 4.8).

A responsabilidade de controlar os pensamentos é nossa. Esse é o primeiro passo que devemos dar para evitar o pecado da imoralidade sexual.

Antes de me casar, enquanto esperava em Deus, eu também fui tentada por desejos e pensamentos, especialmente no período fértil que comentei. Nessas ocasiões, para não cair, eu me blindava com alguns passos práticos que quero compartilhar com você. Creio que irão ajudá-la:

- Oração — acabamos de aprender com a mulher sunamita sobre a importância de orarmos com sinceridade e abrirmos nosso coração para o Senhor. Eu sempre tive toda a liberdade de falar com o Pai celestial, reconhecendo meus desejos e pedindo ajuda dele para permanecer fiel e em santidade.
- Leitura da Bíblia — por meio dela você será confrontada e transformada.
- Jejum — essa prática mortifica a nossa carne. Se você tem desejos carnais muito fortes, o jejum é uma potente arma para enfraquecê-la.

- Vigiar os pensamentos — tudo começa na mente. Controle seus pensamentos.
- Ter um líder espiritual — em todos os momentos da nossa vida, devemos ter alguém para prestar contas. No nosso caso, uma líder, uma mentora, uma conselheira de confiança, temente a Deus e sábia, que nos oriente e seja a pessoa a quem responderemos sobre as nossas atitudes. Esse alguém em minha vida é a minha mãe. Ela me orienta em tudo e é para ela que confesso meus pecados. Quando temos essa cobertura espiritual, a exposição e a vulnerabilidade irão nos ajudar a não pecar.
- Vigiar as mesas que se senta — por ter esperado em Deus por muitos anos, fui a última das minhas amigas a se casar. Portanto, para proteger minha mente, e não alimentar desejos que eu não poderia suprir, eu evitava permanecer nas conversas em que o assunto era sexo.
- Cuidado com o que assiste e escuta — pelos mesmos motivos. Atenção com os filmes, as músicas, com as redes sociais. Tente evitar estímulos.
- Ir para a cama só na hora que for dormir — comecei a ter esse cuidado, especialmente depois do sonho, para não correr o risco de cair em tentação.
- Evitar ficar sozinha — principalmente nos dias em que os desejos estão mais pulsantes. Saia com suas amigas, façam programações juntas.
- Canalize o desejo sexual em outra atividade — pegue toda a energia sexual e direcione-a em alguma atividade física, como academia, corrida no parque; de preferência, algo que faça você gastar energia e se cansar.
- Fique longe dos seus limites — cada uma sabe quais são seus limites e gatilhos. Sempre ande longe deles.

No caça-palavras a seguir, encontre termos relacionados à pureza sexual.

S	K	T	B	I	A	U	P	P	J	P	X	K	A	O
Ç	G	D	H	A	C	U	Y	B	V	E	R	R	Z	S
P	O	U	H	Z	V	Y	H	O	N	R	A	B	O	A
F	B	H	A	I	Y	Q	D	J	P	D	G	N	C	N
O	L	U	Z	R	D	E	T	I	P	A	U	V	Z	T
T	M	T	E	H	D	I	F	C	A	O	Q	P	Ç	I
N	B	T	R	S	K	A	Y	O	L	A	C	Z	E	D
E	Y	U	U	A	Q	V	R	C	T	Y	S	S	A	A
M	T	Y	P	K	J	I	O	O	M	N	Q	W	R	D
A	J	P	V	B	D	C	A	R	S	L	U	Y	X	E
S	V	K	I	P	O	R	Q	P	C	O	J	U	K	A
A	V	L	O	P	B	F	C	O	E	J	L	A	H	Q
C	R	E	V	Ç	L	C	N	B	S	I	Ç	H	U	Z
N	R	C	V	E	A	I	C	Q	R	C	Z	O	O	L
L	E	I	T	O	C	O	N	J	U	G	A	L	Y	S

PALAVRAS: GUARDAR OS OLHOS, SANTIDADE, CORPO, PUREZA, LEITO CONJUGAL, HONRA, CASAMENTO e PERDÃO.

Não se esqueça da declaração do salmista: "Não porei coisa injusta diante dos meus olhos. Detesto a conduta dos que se desviam. Nada disto se pegará em mim" (Salmos 101.3, NAA). Jó também declarou: "Fiz acordo com os meus olhos de não olhar com cobiça para as moças" (31.1). Faça acordo com seus olhos, pois eles são a porta de entrada para a cobiça: "Cada um, porém, é tentado pelo próprio mau desejo, sendo por este arrastado e seduzido.

Então esse desejo, tendo concebido, dá à luz o pecado, e o pecado, após ser consumado, gera a morte" (Tiago 1.14,15).

Esteja atenta às astutas ciladas do Diabo. Lembre-se que ele quer destruir você, mas nunca vai se apresentar com chifres e tridente. O seu convite sempre parecerá bom, prazeroso, e, por trás do "apetitoso prato", está o vício, o pecado e a morte. Por isso, a Bíblia é clara em nos alertar que: "A vontade de Deus é que vocês sejam santificados: abstenham-se da imoralidade sexual" (1 Tessalonicenses 4.3).

Deus deseja que você desfrute plenamente do sexo conforme foi planejado na Criação, desde que esteja protegida pela aliança do casamento. O Senhor não é um "estraga prazeres", apenas um protetor que a preserva para que você não perca a bênção reservada para a sua vida.

Eu sou testemunha disso, casei-me virgem e posso afirmar que vale a pena obedecer ao Senhor. Se você também é virgem, eu a encorajo a sempre buscar a pureza sexual e a não renunciar aos princípios de Deus. Caso você não seja, lembre-se de que em Deus as coisas velhas ficam para trás e tudo se faz novo. Você foi lavada e purificada pelo sangue precioso de Jesus, que limpa as manchas dos pecados mais profundos da nossa alma.

> NUNCA VALERÁ TROCAR O QUE VOCÊ MAIS QUER NA VIDA PELO QUE MAIS DESEJA NO MOMENTO.

Quem acusa é o Diabo, Deus deseja nos perdoar, libertar e nos ajudar a viver a plenitude dos seus propósitos para nós. Ame ao Senhor de todo seu coração, busque conhecê-lo cada dia mais, e ele preencherá o vazio da sua alma e suprirá cada uma das suas necessidades.

Posicione-se, fique firme, e não se esqueça de que nunca valerá trocar o que você mais quer na vida pelo que você mais quer no momento.

CAPÍTULO 9

O que fazer enquanto espero?

"QUANDO A ANSIEDADE JÁ
ME DOMINAVA NO ÍNTIMO,
O TEU CONSOLO TROUXE
ALÍVIO À MINHA ALMA."

— SALMOS 94.19

Até aqui tratamos de alguns desafios da espera. Neste capítulo, quero discorrer acerca de determinadas atitudes a serem desenvolvidas ou mantidas enquanto aguardamos em Deus. É curioso pensar que essa fase não tem a ver com estagnação. Na realidade, é justamente o que fazemos durante a espera que determinará o que e como viveremos no futuro.

O Senhor possui um tempo determinado para cada propósito, e nós não temos capacidade de antecipar nenhuma etapa, porque ele é soberano. No entanto, infelizmente, podemos atrasar o cumprimento desses planos se não estivermos preparadas para recebê-los. Assim como não delegamos algo importante nas mãos de alguém em quem não confiamos, o Senhor tem o zelo de não nos entregar o que ainda não temos a capacidade de administrar. Isso quer dizer que precisamos fazer a nossa parte, a fim de que ele atue em nós e realize o sobrenatural, que não nos compete.

É um equívoco pensar que a espera em Deus é sinônimo de ócio ou passividade. Engana-se quem acha que essa temporada se reduz a não fazer nada, ou apenas aguardar, de modo negligente, como se as coisas fossem se resolver sozinhas ou se transformar num passe de mágica.

Como já mencionei, espera tem a ver com maturidade, processo e preparo. A primeira coisa que Deus espera de nós neste tempo é movimento. Veja como isso se sucedeu na vida de Abrão:

> Então o SENHOR disse a Abrão: "**Saia** da sua terra, do meio dos seus parentes e da casa de seu pai, *e* **vá** para a terra que eu lhe mostrarei. Farei de você um grande povo, e o abençoarei. Tornarei famoso o seu nome, e você será uma bênção". (Gênesis 12.1,2 – grifos da autora)

O Senhor fez uma promessa maravilhosa a Abrão: ele se tornaria patriarca de um grande povo, seria famoso e uma grande bênção. Entretanto, o local onde aquele homem estava não era o lugar da realização da promessa. Para que se cumprisse essa palavra, ele recebeu um comando: "**Saia** da sua terra [...] e **vá** para a terra que eu lhe mostrarei" (Gênesis 12.1b – grifos da autora).

Deus também nos dá esse comando hoje. Talvez a "sua terra" não seja necessariamente um espaço geográfico, mas um estado emocional ou espiritual. Quem sabe se trate de uma condição de dor, rejeição, abandono, frustração, medo ou ansiedade? O problema é que se permanecermos estagnadas "nesse lugar" não seremos capazes de experimentar o cumprimento das promessas de Deus.

Essa passagem sobre Abrão é bastante conhecida, mas há alguns detalhes no capítulo anterior muito relevantes que são pouco observados. Abrão era o filho mais velho de Terá. Ele tinha dois irmãos mais novos, que se chamavam Naor e Harã, e este último era pai de Ló.

A Bíblia relata que Harã faleceu. Ele e todos os seus parentes viviam em Ur dos caldeus, até que Terá decidiu ir para Canaã. Sim, Canaã, a Terra Prometida. Observe só: "Terá tomou seu filho Abrão, seu neto Ló, **filho de Harã**, e sua nora Sarai, mulher de seu filho Abrão, e juntos **partiram de Ur dos caldeus para Canaã**. Mas, **ao chegarem a Harã**, estabeleceram-se ali. Terá viveu 205 anos **e morreu em Harã**" (Gênesis 11.31-32 – grifos da autora).

Durante a jornada, eles chegaram à cidade de Harã e decidiram se estabelecer ali. Entendo que esse possa ter sido um grande erro cometido por Terá. Não sei se reparou, mas o nome da cidade coincidia com o nome do seu filho falecido, Harã. Isso me faz pensar que, muito provavelmente, aquele pai tenha revivido a dor da perda naquela cidade, a dor de contrariar a ordem natural em que os filhos enterram os pais, não o contrário. O que deveria ter sido apenas um lugar de passagem, acabou se tornando um local de residência permanente. O trecho que lemos finaliza tristemente a história do pai de Abrão, que morreu em Harã. Terá morreu no local da dor.

Consegue compreender por que Deus ordena que saiamos do lugar em que estamos hoje? A nossa dor é um trajeto de passagem, não um destino permanente. Talvez a sua dor esteja relacionada ao passado, e a história de Terá é um exemplo perfeito que nos alerta acerca da seriedade de revisitarmos e nos estacionarmos no passado.

É justamente por esse motivo que eu deixo um conselho a você, minha amiga: abandone o passado e **saia desse lugar**! Para algumas pessoas, isso significará poupar a própria vida.

Depois que Terá morre, Deus diz a Abrão para sair daquela terra e ir para outra que ele lhe mostraria. Então, o Pai da fé obedece: "Partiu Abrão, como lhe ordenara o Senhor, e Ló foi com ele. Abrão tinha setenta e cinco anos quando saiu de Harã. Levou sua mulher Sarai, seu sobrinho Ló, todos os bens que haviam acumulado e os seus servos, comprados em Harã; **partiram para a terra de Canaã e lá chegaram**" (Gênesis 12.4,5 – grifo da autora).

Deus queria que Abrão fosse para a terra de Canaã, o mesmo destino que seu pai tinha em mente quando saiu de Ur dos caldeus. Abrão prosseguiria a jornada que o pai não pôde concluir. Mas uma pergunta que me ocorre é: por que o Senhor não revelou isso a Abrão? E a conclusão que encontro é a mesma para outra pergunta: por que Deus não costuma revelar todo o futuro de uma única vez? O motivo é que temos o potencial de atrapalhar quando sabemos das coisas antecipadamente. Você consegue imaginar Abrão sabendo que iria para a terra que o pai não havia conseguido chegar? Será que ele não reviveria toda a dor do pai se soubesse?

Acredito que um dos motivos pelos quais Deus nunca nos revela o plano completo, mas nos guia passo a passo, é porque ele conhece nossas fraquezas e sabe que, além de muitas vezes sermos ansiosas, controladoras ou apressadas, seríamos incapazes de lidar com o peso que essa compreensão do todo nos traria.

Abrão ouviu a voz de Deus e decidiu depositar a confiança nele sem hesitar. Mesmo vivendo em uma época sem comunidades eclesiásticas, sem a Bíblia e sem amigos que o ajudassem a se fortalecer na fé, o patriarca simplesmente confiou nas promessas do Senhor e recebeu tudo o que lhe foi prometido.

Descanse

Enquanto aguarda em Deus, você tem a maravilhosa oportunidade de exercitar a confiança no seu Pai celestial, de crer plenamente, ainda que não enxergue o que virá a seguir. Trata-se de uma decisão. Ao depositar a fé no Senhor, temos de aprender a descansar nele, que é um indicativo de que estamos confiando de verdade.

Você já observou como é o sono de uma criança nos braços da mãe? Não há sombra de dúvidas de que a criança está se sentindo segura. Consegue imaginar a filha de cinco anos levantando-se da cama à noite e indo até o pai para perguntar: "Papai, o senhor se lembrou de pagar a conta de luz deste mês?", "Papai, não esqueça de passar no mercado pela manhã, pois estamos sem açúcar no armário". Com certeza, não, pois isso é algo que não acontece na realidade.

> **A PORÇÃO DE DESCANSO QUE EXPERIMENTAMOS EM DEUS ESTÁ PROPORCIONALMENTE RELACIONADA À MEDIDA DE CONFIANÇA QUE TEMOS NELE.**

Atitudes como essas não são comuns nas crianças, porque elas conhecem os pais e confiam neles sem se preocupar com nada disso. Além do mais, com cinco anos, elas não têm conhecimento acerca desse tipo de responsabilidade e, por isso mesmo, não têm como se afligir. A confiança, portanto, proporciona descanso, que acaba se tornando uma resposta natural de quem realmente crê.

Veja esta passagem interessante no evangelho de Marcos:

> Deixando a multidão, eles o levaram no barco, assim como estava. Outros barcos também o acompanhavam. Levantou-se um forte vendaval, e as ondas se lançavam sobre o barco, de forma que este ia se enchendo de água. **Jesus estava na popa, dormindo com a cabeça sobre um travesseiro.** Os discípulos o acordaram e clamaram: "Mestre, não te importas que morramos?" **Ele se levantou, repreendeu o vento e disse ao mar: "Aquiete-se! Acalme-se!" O vento se aquietou, e fez-se completa bonança.** (4.36-39 – grifos da autora)

Jesus dormiu no meio de uma tempestade, pois ele agiu como os filhos costumam fazer: dormem confiando que o pai está acordado e cuida de tudo, porque sabem que ele os ama.

Quem sabe nesse exato momento você esteja em uma situação que se assemelhe a uma tempestade? Convido você a olhar para dentro do barco e enxergar Jesus presente ao seu lado.

Confie no cuidado e amor do Pai celestial. Não à toa sua Palavra diz: "Será inútil levantar cedo e dormir tarde, trabalhando arduamente por alimento. O Senhor concede o sono àqueles a quem ama" (Salmos 127.2).

Quer encontrar descanso? Está exausta de tentar controlar as coisas? Cansou de esperar? Então, deposite toda a sua confiança em Deus e veja do que ele é capaz.

Aproveite a jornada

O caminho tem sua própria beleza, e precisamos aprender a apreciá-la. Quem não passa pelo percurso jamais merecerá a chegada. Jornada é o caminho, o processo durante a caminhada, a preparação para alcançar a promessa. Todos desejam ser fortes e firmes, mas se esquecem de que toda árvore um dia foi uma semente.

Experimente só por um instante tirar os olhos do futuro, observar o presente e perceber a dádiva que ele é. Pare de focar apenas no que falta, no que ainda não possui e reconheça quanto já percorreu e cresceu. Valorize suas conquistas e celebre-as com alegria.

O texto de Gênesis 3 traz um exemplo disso. Adão e Eva tinham todas as árvores à disposição, mas ambos preferiram concentrar-se na única que lhes era proibida. Mesmo tendo inúmeras opções, sucumbiram à tentação e pecaram. O resultado foi a expulsão do jardim do Éden, a queda da humanidade e a difusão do pecado original.

O apóstolo Paulo, diferentemente de Eva, focou no contentamento:

> Não estou dizendo isso porque esteja necessitado, pois aprendi a adaptar-me a toda e qualquer circunstância. Sei o que é passar necessidade e sei o que é ter fartura. **Aprendi o segredo de viver contente em toda e qualquer situação**, seja bem alimentado, seja com fome,

tendo muito, ou passando necessidade. **Tudo posso naquele que me fortalece.** (Filipenses 4.11-13 – grifos da autora)

Um aspecto que me chama atenção nesse trecho é a palavra **aprendi** — aprendi a adaptar-me, aprendi o segredo. Ele enfatiza que o contentamento não é natural nem automático, mas algo que necessitamos desenvolver e exercitar.

O tempo da espera é crucial para aprendermos a viver contentes. Digo isso, pois, ao contrário do que muitos pensam, o casamento não trará satisfação plena. Se você não for contente enquanto espera no Senhor, também não será quando se casar.

T. D. Jakes, um pastor americano muito relevante por quem tenho grande admiração, expõe brilhantemente em seu livro *A dama, seu amado e seu Senhor*:

> Em vista de ter tocado o Senhor, ela é completa e totalmente sadia. Quando uma mulher toca o Senhor, ele a transforma para sempre. Sua alma escapa como um pássaro do laço do passarinheiro. Suas asas se estendem pela manhã. Ela navega com o vento e voa para a claridade do sol matinal. Ele é o objeto da sua adoração e o foco da sua visão. Ele se torna a realidade de cada ideia abstrata que já se esforçou para expressar para outros que não compreenderam. Você deve entender que todos nós ansiamos ter e gozar ao máximo os relacionamentos humanos. Mas só os mais sábios compreenderão que o nível de satisfação de que precisamos não pode vir de outra pessoa. A razão de as interações humanas ruírem e desmoronarem é a nossa audácia de buscar nos homens o que só pode vir de Deus. Sempre nos desapontaremos quando buscarmos a Deus no homem e desejarmos que os homens sejam os nossos heróis.[1]

---

[1] JAKES, T. D. **A dama, seu amado e seu Senhor:** as três dimensões do amor feminino. 2. ed. São Paulo: Mundo Cristão, 2018. p. 163.

Aperfeiçoe-se

Enquanto espera em Deus e descansa nele, aproveite o tempo para investir em você mesma e se desenvolver como mulher. Para isso, separei alguns conselhos:

- *Aperfeiçoe-se espiritualmente*

Aprofunde seu conhecimento em Deus, pois é nele que você espera. Como mencionei nos capítulos anteriores, é importante manter uma rotina devocional. Priorize o tempo com o Senhor diariamente para orar e ler a Bíblia, buscando qualidade em vez de quantidade. Considere fazer jejuns e envolva-se com uma igreja local, porque isso a ajudará no processo. Aprimore os dons que recebeu do Pai celestial e esteja comprometida com aquilo que a ajude a desenvolvê-los. A Bíblia diz, em 1 Coríntios 7.34, que: "[...] Tanto a mulher não casada como a virgem preocupam-se com as coisas do Senhor, para serem santas no corpo e no espírito". Não há coerência em desejar casar-se com um homem de Deus, cheio do Espírito Santo, se antes você também não for uma mulher de Deus.

- *Aperfeiçoe-se emocionalmente*

Outro fruto da confiança em Deus, além do descanso, é a autoconfiança, pois quanto mais você conhece a Deus, mais se conhece. Uma mulher autoconfiante sabe quem é, reconhece suas próprias habilidades e valor e confia em suas decisões. Ela tem uma postura firme, não se deixa abalar facilmente e se sente confortável consigo mesma. Perceba que autoconfiança não é, em sua essência, arrogância, prepotência ou orgulho, mas está relacionada à verdadeira identidade.

Busque desenvolvimento emocional e compreenda sua natureza. Identifique e trate os pontos cegos das suas emoções.

Uma mulher insegura, por exemplo, não está pronta para entrar em um relacionamento, pois prejudicará sua vida e a de seu companheiro. Em primeiro lugar, procure descobrir e tratar seus traumas, suas feridas e faltas. Feche ciclos, desfaça conexões que precisam ser rompidas, não leve com você pessoas que não foram enviadas por Deus e que não devem fazer parte do seu futuro.

Observe a vida de Ló. Quando Deus instruiu Abrão a sair, ele levou consigo o sobrinho. No entanto, tempos mais tarde, enfrentaram problemas e precisaram se separar. Tudo isso teria sido evitado se Abrão não tivesse levado Ló, pois essa não havia sido a orientação divina. Acredite: evitaremos problemas futuros se abandonarmos aqueles que pertencem ao passado.

> APRENDA A GERENCIAR SEUS CONFLITOS INTERNOS; SIRVA AOS OUTROS E CULTIVE UMA MENTALIDADE VOLTADA PARA O PRÓXIMO.

Aprenda a gerenciar seus conflitos internos; sirva aos outros e cultive uma mentalidade voltada para o próximo. Se preciso, procure ajuda de um profissional, mas recuse-se a permanecer aprisionada em cárceres emocionais.

Leia bons livros, faça cursos, viaje, consuma excelentes conteúdos e frequente lugares que enriquecerão seu repertório de vida e a tornarão uma pessoa mais interessante e inteligente.

- *Aperfeiçoe-se fisicamente*

Você é morada do Espírito Santo; portanto, precisa cuidar desse templo. Zele por sua saúde, faça *check-ups* periodicamente. Alimente-se de forma saudável, pratique exercícios físicos regularmente e cuide do peso conforme o seu biotipo. Não quero trazer nenhum peso de padrão estético sobre você. Compartilho esse conselho com carinho e prudência.

Eu me lembro de um período em minha vida, quando enfrentamos uma crise financeira em minha família. Na época, aos vinte e três anos, minha área na empresa estava relacionada às finanças, o que me levou a descontar toda a ansiedade em doces e chocolates e utilizar a alimentação como forma de lidar com as emoções. Logo, comecei a ganhar peso e, quando percebi, as roupas não cabiam mais em mim.

Em um domingo, ao me arrumar para ir à igreja, não encontrava nenhuma roupa que caísse bem. Minha autoestima àquela altura sequer existia. Fui ao quarto dos meus pais e, chorando, disse à minha mãe: "Estou engordando muito, não me sinto bonita, não encontro roupa que me sirva". Naquele instante, ansiava pelo seu abraço acolhedor e por palavras de carinho como: "Você é linda, minha princesa, não chore. Esta roupa fica ótima em você". Contudo, ela continuou a se maquiar e disse: "Filha, realmente eu reparei que você está ganhando peso. Ontem mesmo, quando você saiu, fiquei observando e notei que seu quadril está mais largo. Isso precisa mudar. Como posso ajudar você? Quer que eu marque um nutricionista? Quer treinar com um professor? Estamos apertados, mas podemos fazer um esforço se você se comprometer. Estou preocupada, porque você ainda nem se casou e está desse jeito".

Minha primeira reação foi de choque. Fiquei sem reação. Nos primeiros segundos, quis ficar chateada com ela, mas depois percebi que estava coberta de razão. A partir dali, comprometi-me com minha saúde de maneira que meu corpo ficou melhor do que antes da crise. Resultado: minha autoestima melhorou, voltei a me achar bonita, fiquei mais saudável e confiante. Por isso, digo-lhe com todo o carinho: cuide do seu peso — lembrando de levar em consideração o seu tipo de corpo. Compreendo que algumas mulheres enfrentam problemas hormonais e até emocionais, o que dificulta muito esse processo. Nesses casos, meu conselho é tratar a raiz do problema primeiro. Procure um médico, regule os hormônios, mas não se abandone. Não se esqueça de que isso é importante para você, para Deus e para o sexo oposto, que naturalmente é mais visual.

Em contrapartida é essencial frisar: **você não vai cuidar do seu peso porque os homens prestam atenção nele e você precisa se casar. Não se trata disso.** Você deve cuidar da saúde porque isso lhe trará inúmeros benefícios — incluindo disposição, qualidade de vida e longevidade —, porque isso honra e agrada a Deus, e só depois pode ser importante para o homem com quem você se casará.

VOCÊ DEVE CUIDAR DA SAÚDE, PORQUE ISSO HONRA E AGRADA A DEUS.

Além disso, cuide da sua aparência. Não passe uma imagem de desleixo com você mesma. Procure fazer as unhas e cuidar dos cabelos; use roupas que combinem com o seu estilo. Para isso, busque dicas de moda feminina, priorize o uso de peças decentes, que não exponham o seu corpo e glorificam a Deus.

- *Aperfeiçoe-se nas áreas acadêmica, profissional e social*

Enquanto eu esperava em Deus, e meu coração continuava sem se despertar, procurei me aperfeiçoar intelectual, cultural e profissionalmente. Fiz faculdade de Direito, uma pós-graduação em gestão econômica de negócios e outra em psicologia eclesiástica.

Além disso, sempre fui muito ativa em minha igreja local. Participava do ministério de adoração, era líder de jovens e me envolvia em todas as atividades que me interessavam. Conheci também todas as conferências de mulheres da minha cidade, pois sempre me senti chamada por Deus para atuar com o público feminino.

Servi em casa, procurando ser uma boa filha e uma boa irmã. Durante esse período, cultivei amizades que se tornaram de extrema importância na minha jornada de espera. Tenho tantas histórias para contar!

Fui abraçada por Deus inúmeras vezes por meio da minha família — meu pai, minha mãe, meu irmão, cunhada e sobrinhas — e por minhas amigas. Realizei um sonho familiar de começarmos um negócio, chamado Shopping da Casa. Com o meu trabalho, fiz a minha primeira viagem para o exterior; depois vieram outras.

POSSO GARANTIR QUE ENFRENTEI VÁRIOS DESAFIOS DURANTE A ESPERA, MAS TAMBÉM VIVI O LADO BOM DA ÉPOCA DE SOLTEIRA.

Realizei outro sonho: saltar de paraquedas. Também consegui fazer um investimento e comprei um carro que eu queria muito e que, em outros tempos, estaria longe da minha realidade. Aproveitei o período de solteira ao máximo, naquilo que julguei importante para mim. Foram muitos anos de espera, por isso tive tempo de fazer muitas coisas.

Compartilho tudo isso com você para encorajá-la a fazer o mesmo. O fato de ser solteira não significa, de modo algum, ausência de movimento e projetos. Posso garantir que enfrentei vários desafios durante a espera, como dividi nos últimos capítulos, mas também vivi o lado bom da época de solteira.

Por isso, relembro o texto de Eclesiastes 3, sobre o tempo de Deus para cada coisa: tempo de estar solteira, de estar casada, de ser mãe. Cada fase e estação da nossa vida tem ônus e bônus. Precisamos saber aproveitar o melhor de cada uma delas, para não sermos afetadas com saudosismos como: "Poderia ter feito isso quando era solteira e não fiz" ou "Ah, se eu tivesse feito isso ou aquilo...".

Extraia o melhor da sua estação hoje, use-a a seu favor. Isso não significa fazer só coisas prazerosas, mas colocar em prática o que nos tirará da zona de conforto para o nosso bem.

Assista ao clipe "Bom encontro", canção composta pela Thayse como votos de casamento para o Samuel.

CAPÍTULO 10

E se não chegar a minha vez?

"VOCÊS PRECISAM
PERSEVERAR, DE MODO QUE,
QUANDO TIVEREM FEITO A
VONTADE DE DEUS, RECEBAM
O QUE ELE PROMETEU."
— HEBREUS 10.36

A espera pressupõe a expectativa da concretização de algo futuro. Mas e se o que esperamos não acontecer? E se não chegar a nossa vez? Será que o nosso coração continuará contente e satisfeito em Deus? Ou será que passaremos o resto de nossos dias reclamando, tristes e amarguradas com o Senhor?

Minha amiga, é certo que Deus tem os melhores e mais surpreendentes planos para cada uma de nós. Porém, temos de nos questionar se estamos, de fato, alinhadas à sua vontade ou temos alimentado expectativas que não condizem com a boa, perfeita e agradável vontade divina. No fim, tudo se resume a um único fato: relacionamento com Deus. É a intimidade com o Senhor que nos levará a compreender a sua vontade, aceitá-la, obedecê-la, passar pelas adversidades da vida e manter um coração grato, humilde e contente, mesmo diante das circunstâncias mais duras.

A presença de Deus precisa ser o que mais valorizamos na vida. Ao olhar para trás, tentando entender como consegui esperar durante tantos anos, transpor desafios e suportar crises ao longo desse processo, tudo o que consigo perceber é que o que me sustentou nos dias mais difíceis da minha espera foi o meu relacionamento pessoal com Deus. Estaria mentindo se dissesse que fui forte o suficiente. Foi o Senhor quem me amparou; ele me ajudou e consolou, e, acima de tudo, foi quem supriu cada uma das minhas necessidades.

Desde muito nova, levo comigo uma declaração de vida: "Thayse, em Deus você tem tudo o que precisa". E isso não diz respeito a uma condição passiva, mas ao fato de que existem coisas que nós podemos — e precisamos — fazer por nós mesmas, outras que as pessoas podem fazer por nós, mas há ainda algumas outras que somente o Senhor pode fazer, acessar, curar, restaurar, suprir e redimir.

O melhor investimento que podemos fazer na vida é cultivar um relacionamento íntimo com Deus. Digo isso, porque se Deus ocupar o centro da sua existência, você certamente se dará conta de que todas as demais áreas entrarão nos eixos.

O MELHOR INVESTIMENTO QUE VOCÊ PODE FAZER NA VIDA É CULTIVAR UM RELACIONAMENTO ÍNTIMO COM DEUS.

Por outro lado, se ele não tiver o seu coração e mente por completo, é certo que não importará o quão excelente e fora do comum seja o resultado da sua espera, você nunca, nunca estará satisfeita e plena. Foi pensando nisso que decidi separar algumas perguntas e gostaria que permitisse que o Espírito Santo sondasse o seu coração antes de respondê-las:

- Você se sente incompleta estando solteira?
- O que o casamento significa para você?
- Por que você deseja se casar?
- Quais são suas expectativas em relação ao casamento?
- Já parou para pensar na possibilidade de o matrimônio ter se tornado um ídolo no seu coração?

Deixe-me compartilhar algo que pode ajudá-la a responder a essas perguntas. Eu amava visitar a minha avó. Ela cozinhava tão bem e apreciava ter toda a família em volta da mesa comendo e repetindo os pratos que ela preparava. A linguagem de amor da minha avó, com certeza, estava ligada a atos de serviço, em especial à comida. Entendendo como ela valorizava ver filhos e netos em torno da mesa, desfrutando do que ela havia feito, certa vez eu lhe disse abocanhando um pedaço de biscoito frito: "Vó, eu *adooooro* a sua comida". Ela arregalou os olhos e me surpreendeu com a resposta: "Minha filha, você adora somente a Deus. Você gosta muito da minha comida, mas adorar somente a Deus, viu?", completou ela, dando uma risadinha ao final para não me deixar constrangida. Foi quando completei: "Claro, vozinha, claro que eu adoro só a Deus. É só uma forma de falar". Momentos depois, o Espírito Santo falou comigo: "Sua avó tem razão, pois a verdade é que algumas pessoas gostam muito de mim, mas adoram outras coisas".

Nunca mais me esqueci daquilo e, sempre que penso nessa história, eu me lembro do que o Senhor disse ao seu povo: "[...] **'Esse povo se aproxima de mim com a boca e me honra com os lábios, mas o seu coração está longe de mim. A adoração que me prestam só é feita de regras ensinadas por homens'** [...]" (Isaías 29.13 – grifos da autora).

Por meio do profeta Isaías, Deus liberou essas palavras, que também devem despertar em nós uma reflexão profunda. Eu não sei se você conhece o Senhor há muitos anos ou há pouco tempo, mas para qualquer fase uma coisa é certa: nunca podemos nos acostumar com a presença de Deus. Quantas vezes não ligamos o piloto automático, negligenciamos a busca diária por sua companhia, ou cumprimos o protocolo de "adorar a Deus" e ir à igreja, embora o nosso interior esteja se distanciando gradativamente?

Não à toa, quando foi posto à prova por um perito da lei, Jesus disse: "[...] **'Ame o Senhor, o seu Deus de todo o seu coração, de toda a sua alma e de todo o seu entendimento'. Este é o primeiro** e maior mandamento. E o segundo é semelhante a ele: **'Ame o seu próximo como a si mesmo'**" [...] (Mateus 22.37-39 – grifos da autora).

Deus não necessita do nosso amor. Ele não tem problemas de identidade, tampouco é carente. Contudo, ele nos criou e por essa razão apenas ele mesmo é capaz de nos preencher. Amá-lo e recebermos desse amor é o que nos tornará completas. Algumas mulheres se enganam por achar que só poderão ser felizes se alcançarem o casamento. Na realidade, isso não poderia estar mais longe da verdade.

É claro que o casamento é importante; essa aliança é projeto de Deus. Minha intenção aqui não é desencorajá-la para não se casar, mas alertá-la acerca da necessidade do seu coração e motivações estarem alinhados corretamente com a verdade. Só assim você não cairá nos equívocos de depositar no matrimônio todas as suas expectativas de alegria, satisfação e realização, quando somente no Senhor você será completa.

O Diabo sabe que a melhor forma de despertar a ansiedade em você é por meio de uma crise de identidade, tentando gerar dúvida a respeito da sua condição de filha e fazendo com que se sinta perdida. Por esse motivo, jamais se esqueça de que você tem um Pai. Honre a filiação que carrega, aproxime-se de Deus, entregue tudo aos seus pés e veja a ansiedade se dissipar.

Você conhece a parábola do filho pródigo? Lucas 15 conta a história de um pai que tinha dois filhos. Certo dia, o mais novo pediu a parte da herança que lhe cabia. O pai, então, dividiu-a entre os dois, e o mais novo saiu de casa e gastou tudo. Depois de ter falido a ponto de desejar comer comida de porcos para sobreviver, caiu em si, lembrou-se do pai e decidiu voltar para casa, onde foi recebido por ele com uma grande festa. Enquanto isso, o filho mais velho, que ficou todo o tempo ao lado do pai, viu aquela movimentação e perguntou a um funcionário o que estava acontecendo. Assim que descobriu que o irmão mais novo tinha voltado para casa, foi perguntar ao pai. Como este nunca havia lhe dado nenhuma festa com os amigos, e fizera questão de celebrar o irmão que tinha gastado todo o dinheiro do pai irresponsavelmente? Ao ouvir o questionamento do filho mais velho, aquele homem respondeu: "'Meu filho, você está sempre comigo, e **tudo o que tenho é seu**'" (Lucas 15.31a – grifo da autora).

O filho mais velho tinha tudo à sua disposição; o que era do pai era dele também, mas ele não se comportava como filho. Embora permanecesse com o pai, portava-se como servo. Perceba que ele chamou um dos empregados para perguntar o que estava acontecendo. Por não agir como herdeiro, não usufruía do que estava ao seu alcance. Diferentemente, o irmão mais novo, apesar de ter abandonado e rejeitado o pai, sabia que era filho e voltou para o lugar de onde nunca deveria ter saído.

Se você entregou sua vida a Jesus, também é filha de Deus e tem um Pai. Usufrua de tudo o que está à sua disposição. Quando compreender a sua identidade e filiação em no Senhor, terá convicção acerca da segurança do seu futuro, e não mais precisará estar sujeita às dúvidas, medos ou ansiedade.

Satanás é o pai da mentira, portanto sabe bem como criar e manipular uma atmosfera de incertezas. Ele trabalha incansavelmente para imprimir medo e dúvida em nós, a fim de que a confiança que temos no Pai seja abalada. No entanto, as Escrituras dizem: "Assim como os céus são mais altos do que a terra, também os meus caminhos são mais altos do que os seus caminhos e os meus pensamentos mais altos do que os seus pensamentos" (Isaías 55.9).

Ouça o que o Pai diz, não apenas estando perto dele, mas tendo um relacionamento íntimo com ele. Essa amizade com Deus a levará a confiar e a desfrutar corretamente de todas as bênçãos que ele tem reservado para os seus dias; e você não sentirá falta de nada. Quando Deus tem o primeiro lugar em nossa vida, nós nos sentimos plenamente satisfeitas, porque a nossa maior necessidade é da presença divina.

Se Deus deseja que você se case, a jornada que ele preparou para você a conduzirá até lá. Apenas esteja atenta aos sinais, faça a sua parte e descanse nele. Caso contrário, ele a capacitará a viver plenamente contente e realizada como solteira, afinal podemos viver sem um casamento, mas não sem a presença do Senhor. O próprio Jesus nunca se casou, e ainda assim viveu plenamente os propósitos divinos em sua vida.

Por outro lado, acredito que o ser humano foi criado para a família. Isso quer dizer que temos duas opções: constituirmos família, nos casarmos e termos filhos ou nos tornarmos celibatárias. Portanto, se você não foi chamada por Deus para uma vida de celibato, acredito que tenha sido vocacionada para construir uma família. Seja como for, em ambos os casos, a família estará presente. A esposa e mãe será responsável juntamente ao marido pela saúde desse núcleo familiar, enquanto a celibatária, além de sua família de origem, poderá contar com a igreja local, que também é uma família estendida.

Deus ama a família. Ele ama a unidade e comunhão. Não é por acaso que a Trindade é: Pai, Filho e Espírito Santo — sempre juntos. Ninguém foi criado para a solidão. Precisamos uns dos outros. Primeiro, porque sozinhos não vamos muito longe, segundo, porque não somos capazes de realizar tudo por nós mesmos, e terceiro, porque andar em unidade nos santifica.

É difícil conviver com pessoas. Somos complexos, singulares e com contextos muito diferentes. Porém, temos algo em comum: todos necessitamos de santificação. E é aqui que voltamos ao ponto de partida. Somente Deus é capaz de nos santificar, redimir, transformar o nosso coração e preencher os nossos anseios mais profundos. Por isso mesmo, carecemos de um relacionamento real, íntimo e estável com ele.

T.D. Jakes, no livro, *A dama, seu amado e seu senhor*, discorre sobre essa verdade de forma poética:

> A mulher que encontrou Cristo [...] é de fato rica. Este é um caso de amor que o tempo não apagará. [...] A mulher que encontrou Cristo dança ao som de outra melodia. Ela parece ouvir coisas que as outras não ouvem. **Muitos homens se intimidam ao senti-la plenamente realizada.** Ela se deita à noite sozinha, mas não solitária. [...] De vez em quando, quando a vida traz perigos ou aflições, você verá essa mulher afastar-se da multidão para ficar sozinha. Sozinha? Não, não realmente. Ela deseja fugir da multidão ruidosa de homens e mulheres que não satisfaz suas necessidades íntimas. Quer ficar com ele. [...] ela se desvia das conversas frívolas para poder concentrar-se na presença de Deus. O Senhor é o vento sob as suas asas. Quando sopra sobre ela, voz no vento do seu sopro. Ele abastece. A revigora emotiva. Quando encontra obstáculos, Ele sussurra encorajamento em seus ouvidos. [...] Ao descansar em seu peito podemos pousar nossa cabeça cansada nele, a fim de poder subir aos seus braços eternos e saber que somos guardados pela graça de um Deus cuja misericórdia soberana tomou uma decisão completa sobre nós e somos para sempre, irrevogavelmente, aceitos pelo Amado. Como é agradável o sentimento de ter finalmente encontrado alguém cujo amor não depende do nosso desempenho. (p. 169)

Como é bom amar o Amor! Enquanto escrevo este livro, oro para que você viva a partir daqui um nível de intimidade com Deus que nunca experimentou antes. Que você mergulhe no amor do Pai verdadeiramente, e seja curada, restaurada, perdoada e redimida nele.

Talvez você lute contra essa intimidade e dependência de Deus, achando que pode ser forte por si mesma. Se este for o seu caso, eu peço ao Espírito Santo que a ajude, neste momento, a abaixar suas defesas e experimentar a força, poder e amor divinos onde estiver agora. Especialmente para você, quero compartilhar mais um texto que escrevi sobre ser forte o tempo todo:

FORTE

Há alguns dias essas palavras têm martelado minha mente e meus pensamentos. FORTE.

Eu gosto muito dessa palavra, me idêntico com ela, sempre procuro trazê-la aos meus lábios, gosto de tê-la em meus pensamentos. Na verdade, sou apegada a essas palavras: eu sou forte! Quando paro para pensar, percebo que precisei delas em todas as fases da minha vida – desde criança até a fase adulta. Honestamente, não me considero a mulher mais forte do mundo e tenho consciência que minha história não se compara a de tantas outras que não tiveram alternativas senão a de serem fortes a despeito de suas circunstâncias. Mas quando eu olho para mim, enxergo uma mulher que escolheu ser forte. Diante dos meus desafios, das minhas provações, da minha realidade, desde criança, ser forte sempre foi minha opção preferida, a mais escolhida. E durante meus trinta e um anos, ao agir assim, fui reforçada, validada e reconhecida no meu meio. Acho que por isso, FORTE é uma das minhas características. Naturalmente, a negativa também é uma realidade latente: eu não sou fraca.

Até que semana passada fui impactada com a pergunta: para que ser forte sempre? Por que essa necessidade de ser forte? Eu não soube responder. Vi um vácuo em minha frente. Procurei uma explicação, não encontrei. Desde então tenho feito isso. Já passaram alguns dias e infelizmente ainda não consegui encontrar a resposta que considere suficiente. Contudo, até agora, consegui fazer duas reflexões.

Na primeira, descobri que ser forte me trouxe muitos benefícios, eu já sabia como ser resiliente antes mesmo de saber o que era resiliência, por exemplo. Mas ser forte também me trouxe algum prejuízo. Ao me privar de escolher outras alternativas, deixei de experimentar dos benefícios delas. Afastei a alternativa de não ser forte, de não agir, de não suportar... eu poderia ter experimentado mais cuidado, mais suporte e do privilégio que há na vulnerabilidade. Refleti que ser forte é muito bom, mas eu também posso me permitir não ser forte em algum momento, e está tudo bem também.

Na segunda reflexão, que é uma continuação da primeira, descobri que Deus não espera que eu seja forte o tempo todo, e que em alguns momentos ele pode, inclusive, ser forte por mim.

Eu tive o privilégio de conhecer Jesus muito nova, mas toda a minha fé e minha devoção, com o fato de eu ter nascido na igreja e a minha criação, trouxeram a mim uma responsabilidade que não me deixavam expressar fraqueza baseada sempre na verdade bíblica de que "posso todas as coisas naquele que me fortalece". O pensamento é mais ou menos assim: em Deus eu posso todas as coisas. Se eu tenho Deus em minha vida, então eu vou vencer, vai dar tudo certo. Sempre...

E, em nome de Deus, eu vou carregando um fardo às vezes pesado, que Ele não me pediu para carregar. Por causa da sua bondade e misericórdia, ele até me ajuda a carregar – porque Ele é bom.

Refleti mais um pouco e tentei buscar na memória quando eu precisei ser forte pela primeira vez. Lembrei-me de um episódio que aconteceu quando eu nem sabia que precisava ser forte. Na verdade, eu não sabia de nada ainda, eu era apenas um bebê dentro da barriga da minha mãe quando o cordão umbilical enrolou no meu pescoço. Por conta do meu tamanho e da quantidade de peso que eu ganhava, o cordão apertava o meu pescoço e me sufocava. Eu ainda não tinha consciência, mas Deus já me conhecia. Ele foi forte por mim, para que eu pudesse nascer. Eu não precisei fazer nada.

Deus não espera que eu seja forte o tempo todo, e sim que em alguns momentos ele possa, até mesmo, ter espaço para ser forte por mim.

6 de julho de 2021, 23h53.

Como não amar ser filha de Deus? Que privilégio podermos desfrutar de sua força, sustento, consolo, correção e amor. A você que se considera fraca, ele a faz forte; e a que é forte, ele a ampara em seus momentos de fraqueza.

Quero finalizar este capítulo relembrando da passagem bíblica em Atos 3, que conta a história de Pedro de João, quando estavam subindo ao templo na hora da oração e foram interrompidos por um aleijado à porta do templo pedindo esmolas:

> Pedro e João olharam bem para ele e, então, **Pedro disse: "Olhe para nós!"** O homem olhou para eles com atenção, **esperando receber deles alguma coisa.** Disse Pedro: **"Não tenho prata nem ouro, mas o que tenho, isto lhe dou. Em nome de Jesus Cristo, o Nazareno, ande".** Segurando-o pela mão direita, ajudou-o a levantar-se, e imediatamente os pés e os tornozelos do homem ficaram firmes. E de um salto pôs-se de pé e começou a andar. Depois entrou com eles no pátio do templo, andando, saltando e louvando a Deus. (Atos 3.4-8 – grifos da autora)

Aquele aleijado necessitava de uma cura, mas pedia dinheiro. Uma coisa é o que você deseja, outra é o que precisa. Talvez hoje você queira muito se casar ou esteja esperando por alguma outra dádiva, mas Deus deseja dar a você o que mais precisa neste momento: cura, restauração, libertação, ou quem sabe conhecer mais profundamente o Pai celestial e se assentar à mesa com ele, com o entendimento da sua identidade de filha amada.

Que tal dar o primeiro passo em direção a um novo nível de intimidade com Deus agora mesmo? Escreva aqui a sua própria oração reafirmando um compromisso com o Pai celeste, que a conhece, ama e deseja se aproximar de você.

_____

_____

_____

_____

De fato, muitas vezes, desejamos o que não necessitamos. É verdade que há anseios que Deus depositou em nosso coração, mas existem também os que surgem de nossa própria vontade, sem que ele tenha assumido nenhum compromisso com a nossa decisão. Nesses casos, é essencial reconhecer que, diversas vezes, a expectativa de não alcançar o que queremos pode ser mais intensa do que aproveitar, valorizar e viver as bênçãos que Deus já nos concedeu e tem nos concedido pela jornada.

Mesmo diante das incertezas, dos desafios e renúncias, o Senhor não deixou de trabalhar em nós e de lutar em nosso favor. Ainda que não compreendamos seus planos, ele permanece fiel, justo e bom. Acredite, quando as Escrituras garantem que todas as coisas cooperam para o nosso bem, isso não é uma força de expressão e muito menos pensamento positivo. A Palavra é a verdade absoluta e quanto mais mergulharmos nela, mais nos aprofundaremos em nosso relacionamento com Deus, o que, consequentemente, nos levará a um novo nível de confiança, fé, descanso e amadurecimento espiritual.

Com isso, a pergunta que fica é: e se não chegar a sua vez? Será que seu coração se encontraria contente e satisfeito no Senhor até o fim? Você seria capaz de continuar louvando, agradecendo e confiando nele, apesar de não entender?

O meu maior desejo é que, após a leitura deste livro, você se sinta ainda mais inspirada a conhecer o Senhor e se aproximar dele. Nem sempre somos capazes de explicar ou compreender as estações e circunstâncias, mas podemos sempre, sempre mesmo, nos apegar à verdade, e o que ela garante é que: "[...] os que esperam no Senhor renovarão as suas forças e subirão com asas como águias; correrão e não se cansarão; caminharão e não se fatigarão" (Isaías 40.31, ARC). Este é o seu futuro. Alegre-se, minha amiga. Existe esperança e ela tem nome: Jesus.

Respondendo a algumas perguntas

SEMPRE RECEBO MUITAS
PERGUNTAS EM CONFERÊNCIAS,
CULTOS OU EM MINHAS REDES
SOCIAIS, POR ISSO SEPAREI
AS MAIS RECORRENTES PARA
COMPARTILHAR COM VOCÊ.
ESPERO QUE A AJUDE.

1) Thayse, gosto de um rapaz, mas ele é tímido. Posso tomar a iniciativa?

Há duas situações nessa pergunta. Vamos começar com a timidez do rapaz. Quando um homem gosta de uma mulher de verdade, não há timidez que o segure. Acompanhei vários casos, alguns bem próximos, e não teve um tímido que ficou sofrendo de amor. Há um ditado popular que diz: "Quem quer arruma um jeito. Quem não quer inventa uma desculpa". Ele se encaixa como uma luva nesse caso. Sendo muito sincera, mas com amor: a verdade é que muito provavelmente, o rapaz não está interessado como você gostaria.

Agora, sobre a mulher tomar a iniciativa: penso — e esta é uma opinião baseada no que acredito — que não é bom que nos posicionemos dessa maneira por alguns motivos. O primeiro deles é que a Bíblia diz: "Mulher virtuosa, quem a achará? O seu valor muito excede o de finas joias" (Provérbios 31.10, NAA). O texto nos revela que essa mulher deve ser encontrada e conquistada. Além disso, penso também que, ao tomar a iniciativa, ela já estabelece um padrão no relacionamento no qual a iniciativa sempre partirá dela e, mais tarde, não poderá reclamar que o namorado ou marido não tem proatividade para nada. A mesma ideia se aplica ao pedido de casamento. Você pode me achar antiquada, mas ainda vejo a mulher como dama, enquanto o homem naturalmente tem instinto de caça e conquista. Assim, no meu entendimento, não faz sentido a mulher-dama pedir o homem em casamento. Provérbios 18.22 diz: "Quem encontra uma esposa encontra algo excelente; recebeu uma bênção do Senhor". Novamente, a dinâmica da busca permanece a mesma: o homem procura, e a mulher é encontrada.

2) Como demonstrar interesse sem parecer atirada?

Apesar de não concordar que a iniciativa parta da mulher, creio que ela possa dar sinais para que ele entenda que há uma possibilidade. E esse é um caso em que os homens percebem com facilidade, afinal, a diferença é clara entre aquela que é atirada e a que só está demonstrando interesse. Se você tem essa cautela, significa que não faz parte do grupo das atiradas. Na minha opinião, um dos maiores indícios de uma atirada é o fato de nunca dar espaço para o rapaz; elas estão sempre mandando mensagens: "Oi, sumido!", "Sonhei com você essa noite", "Nossa, que saudade...". Já a mulher que está interessada, mas deseja ser cortejada, comporta-se com sutileza. Ela faz parte das rodas de conversa em que ele está, em algum momento pode lhe dar atenção especial, fazer-lhe um pequeno favor ou até mesmo um rápido elogio — nada exagerado — para que ele a perceba. A intenção é fazer com que ele se dê conta de sua existência; o resto é com ele.

3) Como solteira, isso quer dizer que, provavelmente, em algum momento, poderei ser cortejada por alguém?

Se você, de fato, está pronta para estar em um relacionamento, entendo perfeitamente que sim, pode ser cortejada. Por exemplo, o homem se aproximou de você e fez-lhe um convite para jantar, para tomar um café, ou apenas para conversarem. Trata-se de duas pessoas solteiras e desimpedidas conversando com a intenção de se conhecerem melhor. No entanto, vejo problema nos casos em que o casal já começa a se relacionar sem compromisso de namoro ou quando a moça não tem intenção de se relacionar com o rapaz, mas aceita ser cortejada, deixando-o emocionalmente envolvido por ela, porque gosta de ser o centro das atenções, de ganhar presentes e de sair para jantar. O nome para essa última situação é defraudação — quando alguém nutre expectativas que não tem intenção de suprir. Além de não ser justa com o outro, essa pessoa está plantando e poderá colher na mesma medida.

4) Como saber se um rapaz é da vontade de Deus para mim?

Como mencionei no capítulo I, particularmente, não acredito que Deus criou A para B, pois, no caso de B se casar com Y, e não com A, como fica a situação de A? Respeito muito pessoas que pensam diferente. Porém, entendo que há pessoas compatíveis para nós, com visão de vida e propósitos alinhados aos nossos.

Creio que a vontade de Deus para a sua vida é que você viva a plenitude de tudo que ele sonhou para você. Então, se decidiu esperar nele, é certo que terá de renunciar à sua vontade para viver de acordo com os princípios do Senhor, pois entende que ele sabe o que é melhor para a sua história. Além disso, enquanto anda com Deus, você recebe as ferramentas necessárias, por meio da Palavra, para avaliar e escolher a pessoa certa com a direção divina. Ao fazer isso, essa possível união entre você e esse rapaz será potencializada, pois haverá a junção de propósitos para cumprir a vontade de Deus plenamente.

Durante meu período de espera, eu me interessei por rapazes que pareciam ter uma perspectiva de futuro comigo. Porém, embora fossem pessoas boas e tementes a Deus, quando conversávamos, percebia que tínhamos propósitos de vida diferentes. Depois da minha primeira oração aos catorze anos, passei a sempre pedir a Deus que me ajudasse a fazer escolhas certas, e, como um bom Pai, ele sempre me ajudou nessa jornada.

Um exemplo bem prático do que estou dizendo é o seguinte: imagine que você tenha certeza de que Deus a chamou para ser médica-missionária na África, e seu coração arde por isso. Suponha que você se interessa por um rapaz que é empresário e está envolvido nos negócios da família, uma empresa tradicional com anos de história, e que tenha paixão e orgulho em fazer parte disso. Vocês dois são filhos de Deus, amam ao Senhor, compartilham ideias em comum. No entanto, se há uma convicção clara sobre o chamado individual de cada um, é importante reconhecer que haverá um grande problema em iniciar um relacionamento que não poderá sustentar um casamento sem que um dos dois abra mão de sua vocação. Sendo assim, entendo que, nesse caso, essa relação não está alinhada com a vontade de Deus.

5) Posso fazer uma listinha?

Sempre recebi perguntas sobre a tal "listinha" em que escrevemos as características do homem dos sonhos. Sendo sincera, nunca julguei quem fez ou faz essa lista. Conheço histórias de pessoas que se casaram com alguém exatamente como a descreveram, com detalhes. Contudo, até os vinte e seis anos, nunca havia feito a minha própria lista por uma única razão: eu tinha receio de fazer do meu jeito, e Deus ter algo melhor para mim. Isso sem contar que, na minha cabeça, a lista que faria aos catorze anos seria diferente daquela que faria aos vinte e quatro anos, e mais diferente ainda da que faria quando me casei aos trinta e um anos. À medida que os anos passam, adquirimos maturidade, e alguns interesses e prioridades mudam.

Porém, lembro-me exatamente de uma madrugada, aos vinte e seis anos, quando me encontrava no meu quarto, sem sono e peguei uma caderneta da minha coleção e comecei a escrever alguns pensamentos que surgiram naquele momento. Enquanto eu ouvia um louvor com o volume bem baixinho, senti o Espírito Santo me incentivar: "Faça a lista". Parei o que estava escrevendo, mudei a página e coloquei ali as características do que eu acreditava ser o melhor para mim naquele momento. Quando terminei, pus um asterisco no fim da página, como uma nota de rodapé, dizendo ao Senhor que aquela era a minha lista, mas que eu a submetia a ele; aquela era a minha vontade, mas eu preferia a vontade dele, por entender que eu enxergo só uma parte. Ele já viu o todo, eu sei o que quero, mas ele sabe do que preciso.

Os anos se passaram, conheci o Samuel e, quando já estávamos noivos, lembrei-me da famosa lista. Honestamente, confesso que não me recordava de tudo o que tinha anotado, apenas de algumas coisas. Corri para conferir se as características correspondiam. Para a minha surpresa, muitas coisas não batiam. E que bom. Deus superou a minha lista, e eu não poderia estar mais feliz. Naquele instante, compreendi que o Espírito Santo me incentivou a escrever para que eu tivesse uma prova nas mãos de que o Senhor havia feito muito além do que eu mesma tinha sonhado. Deus é bom!

Exatamente um dia após o pedido de casamento, fui até o aeroporto com a Rebeca, a amiga que me apresentou ao Samuel, a fim de voltarmos para Brasília. Dentro do avião, muito empolgadas, eu a encorajei a fazer a sua própria lista. Quando ela terminou, pedi que fizesse outra, mas dessa vez com características sobre ela. Assim que acabou, colocamos uma ao lado da outra: a lista com características do futuro marido e a lista com as características dela. Então a questionei: "Esse homem merece essa mulher? E essa mulher merece esse homem?". Ela confirmou que foi muito significativo ter essa perspectiva de ambos os lados. No caso dela, acredito que as duas listas estavam bem equivalentes. Contudo, temos a tendência de desejar sempre o melhor sem ter a consciência de quanto nos esforçamos para ser o nosso melhor.

Que tal fazer as suas listas também?

FAÇA AQUI A LISTA
COM AS SUAS
CARACTERÍSTICAS

FAÇA AQUI A LISTA COM AS CARACTERÍSTICAS QUE DESEJA NO HOMEM COM QUEM VAI SE CASAR

Esta obra foi composta em *Athelas*
e impressa por Gráfica Expressão e Arte sobre
papel *Offset* 75 g/m² para Editora Vida.